手話を学ぶ人たちの学習室

全通研学校講義集 11

私たちの障害者権利条約と聴覚障害者支援

障害者権利条約批准後の情勢と課題● 薗部英夫

聴覚障害者への生活支援● 近藤幸一

文理閣

はじめに

一般社団法人全国手話通訳問題研究会（全通研）では、会員のみなさんに身近な場所で学習の機会を提供したいと一九九八（平成一〇）年から毎年「全通研学校」を開催しています。

当初は、東北・関東・近畿・九州の四会場でしたが、二〇〇六（平成一八）年からは北海道・北信越・東海・中国・四国を加え九ブロックに拡大しました。

「運動と研究」という全通研の設立以来の目標の一つでもある研究部門を担い、会員同士が学び合うことを意図としましたので、より身近な会場で学習ができるように計画実行しています。

テーマは、①通訳理論として「手話」「言語」「手話通訳論」、②社会福祉として「障害者福祉」「発達・人権」「全通研運動」、③発達支援として「コミュニケーション論」「相談活動」「生活支援」としました。

それぞれの分野で活躍する専門家および本会の理事を講師として企画しています。講演内容については、現在の社会情勢や今日的な問題を取り上げ、私たち全通研会員の理論的な学習を積み重ねる機会にしていただければと考えています。

この講義集は今回で十一冊目になりました。各地域で講演された講師の素晴らしい内容を、沢山の方々に広めたい、学び合いたいとの思いで、二〇〇五（平成一七）年から「手話を学ぶ人たちの学習室（全通研学校講義集）」として発刊してきました。

十一冊目の講義集は北海道ブロック会場で行われた「社会福祉（全通研運動）」と東海ブロック会場で行われた「発達支援（生活支援）」の講演の中から次の二題を選びました。

一題めは「障害者権利条約批准後の情勢と課題—日本と北欧で考える」をテーマにした薗部英夫氏の講義録です。薗部氏は日本障害者協議会理事、全国障害者問題研究会事務局長として活動されています。氏は本書の中で障害者権利条約と憲法、国内法についてウルトラマン家族の例を出し位置関係を分かりやすく話してくださっています。また日本と北欧の福祉事情の相違点についてもいろいろな事例に基づき、北欧の「みんなを意識しながら一人が大切にされる」という施設運営のあり方などは皆さんも共感されることでしょう。結びには近江学園の糸賀一雄氏の「この子らを世の光に」できる社会を作る視点から、どんな障害であってもありのままで生きられる命の絶対的価値に確信を持ってとりくんでいく、そしてそれを支援する人の中にも同じ光がある、という強い確信に満ちたメッセージで締めくくられています。障害者権利条約は遠い物ではなく自分のものとして深められる内容です。

二題めは「聴覚障害者への生活支援―手話通訳者の視点と働き方」をテーマにした近藤幸一氏の講義録です。近藤氏は全国手話通訳問題研究会の副会長であり、京都市聴覚言語障害者センター所長です。

講義は専門の相談員資格のない手話通訳者が、聴覚障害者にかかわっていくときの生活支援の視点が大事であると始まります。そしてその視点を養うには対象者である聴覚障害者のニーズの把握が大事だと進みます。通訳者の穿《うが》った視点が聴覚障害者の自己選択、自己決定、ひいては社会参加を阻むことがないように「コミュニケーション」のあり方を通して集団の中で研鑽を積んでいく必要性を話されています。「全通研は聞こえない人の暮らしをみつめ、聞こえない人の暮らしから学ぶ」を大事に活動してきました。この根幹にあるものがコミュニケーション的合意であると結んでいます。

全通研の会員や手話に興味のある方々がこの冊子を教材として、自己学習の積み重ねの機会にして頂けたら幸いです。

また、同時にこの本が聴覚障害者理解の一助になれたら嬉しいと思います。

最後に…これまで発行してきた全通研学校講義集は今回をもって終了します。

これまで素晴らしい講義をしてくださったたくさんの講師のみなさまに感謝申し上げます。

一般社団法人全国手話通訳問題研究会　研究部長　岡野　美也子

私たちの障害者権利条約と聴覚障害者支援　もくじ

聴覚障害者への生活支援

障害者権利条約批准後の情勢と課題

——日本と北欧で考える

薗部英夫

筆者プロフィール
薗部　英夫（そのべ　ひでお）
全国障害者問題研究会事務局長、日本障害者協議会理事。一九五六年群馬県生まれ。金沢大学に学び、八二年より全障研専従職員。八五年から全国事務局長。日本障害者協議会理事・情報通信委員長。障害者・患者9条の会世話人。主な著書に、『北欧　考える旅』『障害者と家族のためのインターネット入門』（全障研出版部）、『パソコンボランティア』（日本評論社）などがある。

はじめに

こんにちは。薗部と申します。

誰も素直に「そのべ」と読んでくれません。

「ウィキペディア（Wikipedia）」というインターネットの百科事典によりますと、――私も載っているのですね――「薗部英夫（そのべひでお、一九五六年生まれ）は日本の障害者支援活動家」である、と紹介されています。

「支援活動家」というと精悍な青年をイメージさせる響きがありますが、このように初老にさしかかった、ドラえもんが崩れたような体形のおじさんです。

愛称は「キンベ」です。

なぜ「キンベ」か。薗部の「薗」は、公園の「園」に草かんむりがつくのですが、パッと見たとき、「薗」は、ばい菌の「菌」と見えてしまうようです。

二〇年くらい前にインターネットが普及し始める頃、「パソボラ（パソコンボランティア)」という運動、障害者がITを利活用するのにどんな支援が必要かということを、身近な地域で障害のある人たちとともにとりくもうとよびかけました。
障害者がITを使うことでフィッティングやむりな姿勢によって二次障害を起こしたり、脳性まひの人が必死でパソコンのキーボードを打って身体に変形を起こしてしまったり、当時いろいろ深刻な問題が起こっていました。そうした活動の場での「インターネット・ネーム」が「kinbe」だったのです。

群馬県館林の生まれです。何が有名かというと、分福茶釜の茂林寺《もりんじ》で、私みたいな体型の像がたくさん並んでいます。茂林寺の「狸」ですね。

この上州・館林の東には、旧谷中村があります。足尾銅山の渡良瀬遊水池が強制的につくられた村で、田中正造(一八四一—一九一三)さんが足尾銅山鉱毒問題を「真の文明は人を殺さず」と訴え、活躍した地域です。

そんな故郷をルーツにもつ私です。

1　日本の障害者権利条約批准とその意味

障害者権利条約の採択

障害者権利条約（以下、タイトルを除き権利条約）の大きな流れを紹介します。

批准※した国は、本年（二〇一四年）五月二二日現在の国連統計で一四七カ国です。署名している国が一五八カ国。選択議定書※※に署名しているのが八二カ国です。

写真は国連総会で、権利条約を採択したときのものです。

障害者権利条約を採択した国連総会

権利条約の採択に向けて、日本の障害者団体はのべ二〇〇名を派遣しました。日本の障害者運動の歴史のなかでも、ニューヨークの国連本部に大勢の人たちを派遣したのは初めてのことでした。国連総会は二〇〇六年一二月一三日に権利条約を採択しました。参加したＪＤＦ（Japan Disability Forum　日本障害フォーラム）幹事会議長の藤井克徳《かつのり》さんは、視覚障害のある人ですけれど、採択の瞬間「議場が揺れ動いているように感じた」と言っています。

日本は、二〇一四年の一月二〇日に、一四一番目の締約国として批准しました。国際条約として二月一九日に発効しました。権利条約は今年、この日本の国において、批准され発効している、というところをまず押さえていただきたいと思います。

※障害者権利条約批准への流れ

採択：条約内容について協議が終了し議決すること（障害者権利条約の国連での採択は二〇〇六年一二月一三日）。

署名：条約内容について各国代表が同意して議決するためにサインする（障害者権利条約の日本の署名は二〇〇七年九月二八日）。

批准：代表が署名した条約について議会の承認をへて、国家が最終的に決定する手続き（障害者権利条約の日本の批准は二〇一三年一二月四日、参議院本会議で批准を承認し、二〇一四年一月二〇日付けで国連事務局に承認された）。

※※選択議定書
国連の障害者委員会に、権利条約に定める権利を侵害された個人が通報できる「個人通報制度」を認める法的国際文書。

世界に六億五〇〇〇万人の障害者

国連大使で、障害者権利条約特別委員会の議長として権利条約の採択に向けて努力した人物にニュージーランド出身のドン・マッケイがいます。日本にも来て講演したことがあります。

そのときに彼が話したことは、いま世界ではこういう状況があるから、権利条約がとても大事だということで、ものすごいスピードで批准されたのだ、ということでした。

世界の人口の一〇%、六億五〇〇〇万人が障害のある人だといわれています。その障害のある人の八割が、発展途上国といわれるところに暮らしています。その途上国の障害のある子どもの九〇%が学校に通えていません。そして世界の成人の障害者の識字率、読み書きのできる率は三%です。これは成人全体の平均ですが、女性に限っては、たった一%でしかありません。

次に彼が強調したのは、平均寿命七〇歳を超える国において、人は誰でも平均八年間を、人生の一一・五%を障害を持ちながら過ごしているということでした。そういえば、わたしの親父もそうだった、祖父もそうだった。これは老いて不自由を持ちながら生きるという意味だと、思いいたりました。

日本の要介護期間の平均は、男性で一・五年、女性で三年とある銀行が行った調査があります。

さらに、統計上、戦争で一人の子どもが死亡するたびに、三人が負傷し障害をもつ。戦争が障害者を生み出しているのですね。

だから障害者権利条約は、いろいろな権利条約のなかでも最も早いスピードで採択されたのだ、とドン・マッケイは熱っぽく語ってくれました。

なぜ、日本では障害者権利条約の批准に時間をかけたのか

権利条約は二〇〇六年一二月に国連で採択されました。でも、なぜ日本の批准は二〇一四年まで時間がかかったのか、という疑問が聞こえて来ます。

これは、世界的にはめずらしいのです。日本では、名ばかりの批准ではなくて、国内法の見直しが先だと、障害者団体が強く要望して、時間をかけて進めてきたのです。

「私たち抜きに私たちのことを決めないで」は世界の障害者運動の合言葉でした。

この間、日本から二〇〇名を国連に派遣するというとりくみのなかで、JDF（日本障害フォーラム）が結成されていきます。日本の障害者運動のなかで統一組織ができたというのは、歴史で初めてのことです。

このJDFは一三の障害者団体が集まり、ゆるやかに連携してとりくんでいこうとスタートしました。

二〇〇九年の三月当時は、自公政権（麻生内閣）でした。じつはその政権が「いいん

じゃない。悪いことじゃないし」という感じで閣議決定して権利条約を批准しようとしました。けれども私たちは「ちょっと待って。名ばかりの批准じゃなくて、矛盾に満ちた国内法を変えなくちゃいけないんじゃないですか」と閣議決定を遅らせたのです。つまり、時間をかけて制度改革議論をさせてきたのです。

基本合意の会場（厚労省講堂 2010.1.7）

さて、一枚の写真があります。厚生労働省（以下、厚労省）には大きな講堂があります。この講堂は、全国都道府県課長会議などの会場に使われたりしますが、二〇一〇年一月七日、国と障害者自立支援法違憲訴訟※団が基本合意を交わすときに、この大講堂が舞台となりました。当時は民主党政権（鳩山内閣）で、長妻昭厚生労働大臣、細川律夫副大臣、山井和則政務官、こういう人たちが深々と頭を下げて、原告や関係者たちと、「基本合意を精一杯がんばりますから」と約束しました。これは、権利条約を日本で批准させていく上でも歴史的なことでした。

まさに「私たち抜きに私たちのことを決めないで――Nothing about us without us」を、日本で実現させていく道だったのかな、と思います。

権利条約第四条の「一般的義務」には、こう書かれています。

3　締約国は、この条約を実施するための法令及び政策の作成及び実施において、並びに障害者に関する問題についての他の意思決定過程において、障害者を代表する団体を通じ、障害者と緊密に協議し、及び障害者を積極的に関与させる。

これは、とりわけ私たちが大事にしなくてはいけないポイントなのかな、と思います。

※障害者自立支援法違憲訴訟

障害を理由とした支援サービスの一割を強要する「応益」負担は、生存権や幸福追求権の侵害であり、憲法に違反すると二〇〇八年一〇月三一日に提訴しました。提訴は三次にわたり全国一四地裁に七一名の原告が訴えました。二〇一〇年一月七日、国との「基本合意」により勝利的に和解しました。

障害者権利条約と憲法—国内法の関係

権利条約は日本の国内法にどう位置づくのか。

まず、日本国憲法があります。法律のなかの最高法規です。

その憲法下で障害者分野でいうと、次のような国内法があります。

- 身体障害者福祉法（これが一番古いですが一九四九年）
- 精神保健及び精神障害者福祉に関する法律（一九五〇年）
- 知的障害者福祉法（一九六〇年）

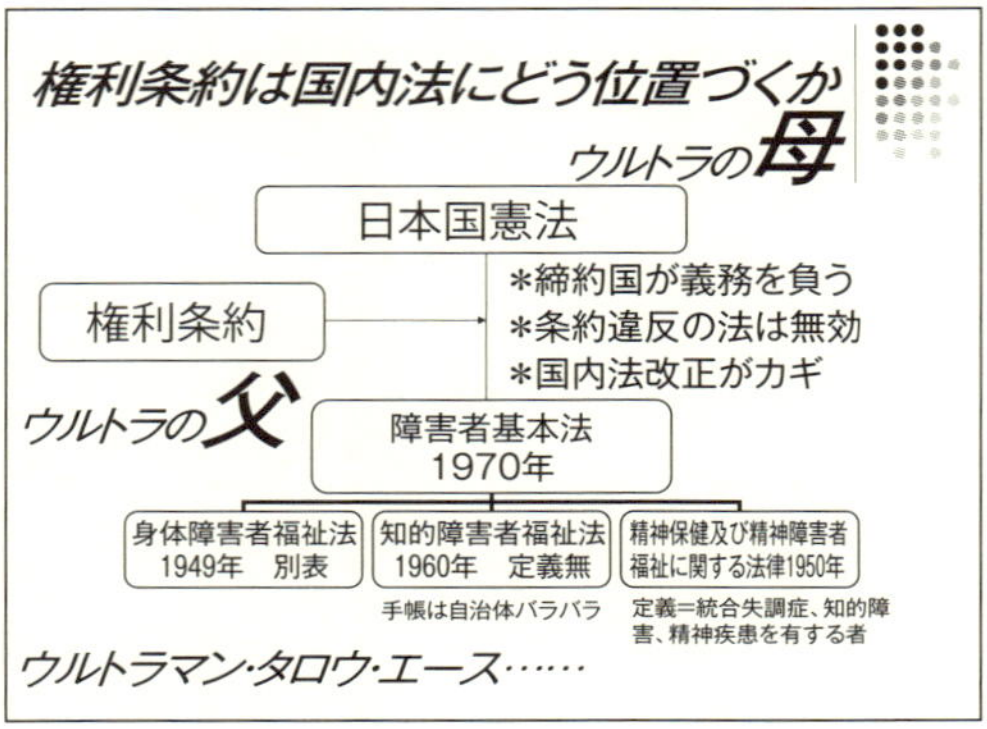

・障害者基本法（一九七〇年）

図のように、権利条約は憲法とこれらの国内法の中間に位置して、締約国の日本が義務を負う国際条約です。だから権利条約違反の国内法は無効で、権利条約を批准すると、権利条約のレベルに国内法を改正していかなければならないのです。

たとえて言えば、まず、「ウルトラの母」を日本国憲法と想定します。「なんじゃそりゃ」という方もいらっしゃいますが、ちょっとついてきてくださいね（笑い）。次に、権利条約を「ウルトラの父」とします。

この話、憲法を「父」にしようか「母」にしようかとちょっと悩んだんですよ。やはり憲法は最高法規ですので「母」ということで、父・権利条約は憲法につぐ法なのです（笑い）。

そうすると、その子どもの、「ウルトラマン」「ウルトラマンタロウ」「ウルトラマンエース」などは、国内法ということになります。研究によれば「ウルトラセブン」はきょうだいとはちょっとちがうんですね。つまり、「ウルトラの母」が最も偉いのです。母

（憲法）が最も上位法で、父（権利条約）が締結されたら、父の意向に添って、国内法であるウルトラマンもタロウもエースも正しく変わっていかなくちゃいけない、という構造です。

ところが最近ちょっと、イレギュラーなことが起きています。〝ゴジラ・シンゾー〟という凶暴なのが、やってはいけない掟破りをして、ウルトラの母（憲法）を勝手に閣議で解釈して変えてしまおうという動きがあるのです。これは法治国家をゆるがすので、断じて許してはなりません。

権利条約は、憲法についで国内法を規定する。これがとても大事なことです。

「私たち抜きに私たちのことを決めないで…」

権利条約の批准過程において、制度改革推進会議（以下、推進会議）の運営面で改善をかちとった画期的なことがあります。

国内法を改正するために制度改革推進本部が設置されました。本部長は総理大臣です。

当時は鳩山由起夫総理、副本部長は福島みずほ特命担当（消費者及び食品安全、少子化対策、男女共同参画）大臣と平野博文官房長官です。要するに、総理大臣が本部長で副本部長が担当大臣と官房長官というすごい推進本部です。組織的には相当重要な位置づけの推進本部でした。

そのもとに推進会議が置かれました。推進会議の二四名の構成員のうち当事者は一四名。二四の過半数は一二ですから、それよりも当事者が多い構成です。日本の同様の検討会では、かつてなかったことです。

その会議の議長代理は、ＪＤＦ幹事会議長の藤井克徳さんです。藤井さんは私が理事をしているＪＤ（Japan Council on Disability 日本障害者協議会）の常務理事（現代表）でもあります。推進会議は内閣府に置かれ、推進室長は東俊裕さん。車いすの弁護士です。彼は国連での権利条約特別委員会に日本政府の一員として参加していました。日本の障害者運動のリーダーが会議を進行し、車いすの弁護士が内閣府の室長として事務方を務め、この推進会議は、五年かけて国内法の見直しをしたのです。

鳩山首相がいて、議長の視覚障害者の藤井さんがいて、車いすの東室長がいる。みんな

推進会議の様子

が平等に語り合うという会議（写真）を、私たちの運動によって実現していった、といえると思います。

さらに、この会議のすごいところは、一回四時間の会議を運営する際の人的サポートが徹底されました。ヘルパー、手話通訳、要約筆記、指点字の支援者が配置され、運営されました。手話通訳と要約筆記の情報は、インターネットやCS放送で同時配信されました。

この会議を運営するために、情報保障が国の会議に位置づけられたという事実は、とても大事なことです。ということは、地方の会議でも、基本的に障害のある人のことを検討するときは、障害のある人を参画させながら、情報保障などの人的なサポート体制を組んでやっていくのだという、一つの典型的で、模範的な先例を歴史に刻んだことになります。

推進会議は三八回、障害者政策委員会に引き継いでから一二回、総合福祉部会が一九回、差別禁止部会二五回、それぞれ四時間かけて議論しました。不充分さは残しながらも障害者基本法改正、障害者総合支援法、差別解消推進法を成立させて権利条約は批准されたのです。傍聴席も、毎回満席でした。

自立支援法違憲訴訟の法廷で

♪みなさま方の尊厳を傷つけた
首相も大臣も心から反省をした
応益負担も介護保険統合も
再発防止を約束した

これ自立支援法違憲訴訟の替え歌です。元歌の「乾杯」はみなさんご存じですよね。

二〇一〇年の四月二一日に全国から原告、補佐人ら関係

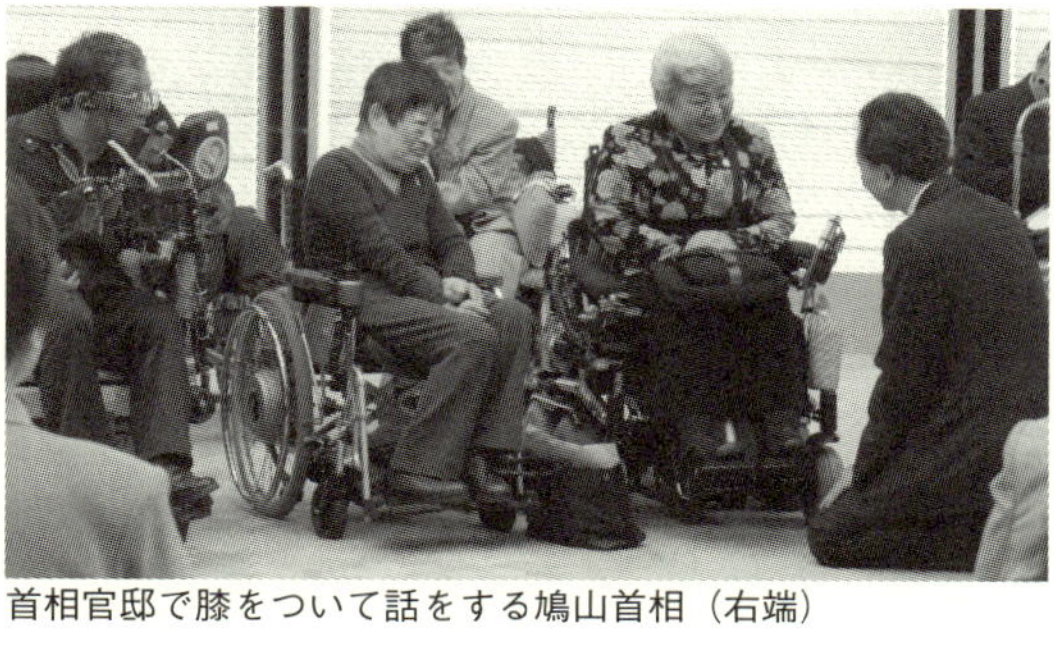

首相官邸で膝をついて話をする鳩山首相（右端）

者一二四名が首相官邸を訪問したときの写真です。鳩山首相が、原告に対して膝をついて、一人ひとりと言葉を交わして、しっかり約束したという、非常に印象的な場面でした。

この自立支援法違憲訴訟のなかで、手話通訳者の位置づけはどうなっていったか。最初のころは、手話通訳者は「傍聴者としてカウントしてください」といわれていたんです。だからみんなで並んで傍聴券を取って、その中から二枚を手話通訳者のみなさんに優先して渡していたのです。

裁判長は「手話通訳の人は手話が必要な人に手話をすればいいのだから、イスに座ってやってください」とも言いました。

「それ、違うでしょう！」ということで、弁護士たちががんばって、手話通訳の人はやはり立ってやらないとダメだということを裁判長にわかってもらい、さらに「手話通訳者は傍聴者じゃないでしょう」「傍聴する人たちの情報保障のために手話通訳は必要でしょう」と、論じました。

結果、東京地裁や埼玉地裁は「手話通訳者は必要な人ですから立ってやってください」

となりました。こうしたこと一つ一つが、私たちの運動の大事な歴史だと思います。

さて、権利条約の核心は、「他の者との平等」「同年齢の市民と同等の権利があること」を確認した条約です。聞きなれない言葉ですが「インクルージョン」＝「排除しない社会」をつくっていくことが大事だと強調されています。

日本の場合は権利条約批准に七年近くかかったわけですが、国内法を改正してから権利条約を批准してほしいと、国会前での私たちの仲間のデモンストレーション、国会内でのロビー活動、そうしたことをインターネットを活用して瞬時に共有するという活動を展開しながら、実現していったのです。

障害者権利条約の主なポイント

図に権利条約の項目の一覧が書かれています。これ

権利条約の構造　玉村2008

●前文（25項目）／本文50条　＋選択議定書

■総論的条項

●1. 目的

●2. 定義（コミュニケーション、言語、差別、合理的配慮）

●3. 一般原則（尊厳、非差別、インクルージョン、アクセシビリティ）

●4. 一般的義務（＝締結国は…）

●5. 平等と非差別

■特別な留意

●6. 障害のある女性

●7. 障害のある子ども

●11. 危機の状況と人道上の緊急事態

■特別な規定

●8. 意識向上（＝締結国は…）

●9. アクセシビリティ（情報、交通、建物…）

は条約の構造で、奈良教育大学の玉村公二彦さんがつくったもの（障害者権利条約の構造図）に書き加えています。権利条約はこんな括りで成り立っているんですね。

「総論的な条項」としては、一、二、三、四、五条。

とりわけ一、**目的**↓障害の社会的な把握、二条は**定義**、三条は**一般原則**、四条は**一般的義務**、五条は**平等と非差別**です。

「特別な留意点」ということで、六条に**女性**、七条に**子ども**、一一条に**危機の状況と人道上の緊急事態**があります。

また、「特別な規定」として八条の**意識向上**、九条の**アクセシビリティ**といったことがとても大事だ、という枠組みでつくられています。

市民的政治的権利

- 10. 生命の権利
- 12. 法の前の平等
- 13. 司法へのアクセス（たとえば手話通訳）
- 14. 身体の自由と安全
- 15. 拷問又は残虐な、非人道的、品位を傷つける取扱いや刑罰からの自由
- 16. 搾取、暴力、虐待からの自由
- 17. 個人の尊厳の保護
- 18. 移動の自由と国籍
- 21. 表現と意見の自由、情報へのアクセス
- 22. プライバシーの尊重
- 23. 家庭と家族の尊重
- 29. 政治的公的な生活への参加（手話TVで開票速報）

経済的社会的文化的権利

- 19. 自立した生活と地域社会へのインクルージョン
- 20. 個人の移動（モビリティ）
- 24. 教育
- 25. 健康
- 26. ハビリテーションとリハビリテーション
- 27. 労働と雇用
- 28. 十分な生活水準と社会保障
- 30. 文化的生活、リクレーション、余暇、スポーツへの参加

ぜひ一度、権利条約をじっくり読んでほしいのです。そのときにこの枠組みを参考にしていただければと思います。

市民的政治的権利は、生命の権利から、二九条の政治的公的な生活への参加などの市民的政治的権利が網羅されていたり、経済的社会的文化的権利のところでは一九条、二〇条、二四条から（二九条を除き）三〇条まで、文化的生活、レクリエーション、余暇、スポーツへの参加の権利といった権利が明記されています。

そして三一条から五〇条にかけては、この権利条約の実施と監視についてどうすべきかということが書かれています。

実施とモニタリング

- 31. 統計とデータ収集
- 32. 国際協力
- 33. 国内的実施とモニタリング
- 34 ～40. 国際的なモニタリングのメカニズム
- 41 ～50. 最終規定

- 選択議定書＝委員会に個人でも通報できることを認める

さて、今から権利条約の条文が北欧の障害のある人たちの暮らしのなかで、どんなふうに具体化されているのか、私が直接見聞したことから、お話しさせていただきます。

ちなみに『障害者問題研究』四二巻一号「動向」に、この間の話のことは書かせてもらいましたので、参考にしてみてください。

それともう一つ、権利条約の話『私たちのできること』というユニセフが刊行している資料を、奈良教育大学の玉村公二彦さんが日本語訳したホームページ（http://www.dinf.ne.jp/doc/japanese/rights/rightafter/0804_ability.html）があります。併せてご参照ください。全国障害者問題研究会（以下、全障研）のホームページには宛先などもわかるようになっています。長くない文章で、子どもたちといっしょに、読み合わせしながら勉強できる、とてもいい内容だと思います。

障害者権利条約の公定訳の問題

公定訳をめぐっていくつかの問題点が指摘されています。

ところで、権利条約は国連の公用語六カ国で締結されています。

さあ、質問です。国連の公用語六カ国とは？（「英語」との声）。

英語、中国語、ロシア語、フランス語、さあここからですね。五番目、六番目の言語は？　私はサッカー大好きなのでポルトガル語かなと思ったのですが、スペイン語ですね。そして六番目がアラビア語です。

ですので、日本が権利条約を批准する場合は、政府仮訳（日本語訳）が必要です。過去三回、仮訳があります。

まず、日本政府が署名したときの仮訳です。次に、二〇〇九年に批准を閣議決定しようとしたときの三月訳があります。そして批准したときの公定訳と、三つの訳があるのです。

それぞれ違いがあります。最終的には公定訳ですけれども、いろいろ問題が指摘されています。

ポイントだといわれている「インクルージョン」は、公定訳では「包容」とされました。最初の頃は「包摂」と訳されて、それもしっくりこずに難しいなぁと思っていたのですが、いまになってみれば意味としてはそのほうが近かったのではないかと思うくらいです。「インクルージョン」が「包容」ですよ。

公定訳の問題

- 権利条約（国連公用語6か国）を締結
- ①署名時仮訳→②09年3月訳→③公定訳
- インクルージョン＝包容?
- コミュニケーション＝意思疎通?
- アクセシビリティ＝
  施設及びサービス等の利用の容易さ??
- 他の条約や国内法との「整合性」理由（外務省）

- 個人の異議申し立て国連通知の
  ＝選択議定書は「検討会で検討中…」

とりわけ手話に関係する「コミュニケーション」は「意思疎通」です。でも「コミュニケーション」は、それ自体で十分理解できる言葉だと思います。

さらに、「アクセシビリティ」は「施設及びサービス等の利用の容易さ」。これも日本語に訳すことで本来の意味合いがわかりづらくなってしまう。「アクセシビリティ」も、カタカナでも十分理解できると思います。

どうしてカタカナではダメなのかを、外務省に聞きました。そしたら、他の条約は国内法との整合性があるから、「アクセシビリティ」とか「コミュニケーション」とか「インクルージョン」とかの横文字のカタカナではダメなんですなんていうのです。

「でも、『ユニバーサルデザイン』は『ユニバーサルデザイン』のまま使われてますよね」と聞くと、

「うーん、『ユニバーサルデザイン』は、そういう関係する国内法で『ユニバーサルデザイン』という言葉が使われていて、一〇年くらいたっているからではないか……」ということでした。

それにしてもこの「インクルージョン」「コミュニケーション」「アクセシビリティ」が

不思議な日本語訳になっていますので、このあたりは注意しながら、その中身を薄めさせないような運動が必要だと思います。

改正障害者基本法と障害者運動の役割

二〇一一年、障害者基本法が改正されました。障害の定義、法の目的、自立した社会、地域社会のインクルージョン、インクルーシブ教育、手話等の非音声言語の言語としての確認、こうした内容が定められています。

でも、どうして、「可能な限り」という文言が挿入されたのでしょう。インクルーシブ教育のところでも「可能な限り」、第二四条でも「可能な限り機会を提供します」となっています。私たちが求めたものに対して、改正障害者基本法は三割くらいの実現度となっているでしょうか。

それでも前進したところをつかみながら、それを足場にして、次に進んでいこうというのが障害者運動の歴史です。何もないところから新しい一歩をつくって、そこを足場にして次に進んでいこうと。

第二四条の「手話等の非音声言語の言語化」のところにも、「可能な限り」がつきました。当時の担当大臣は「可能な限りというのは、エクスキューズに使われることがあってはならない。最大限努力をすることだ」と国会で答弁しています。「大臣が答弁しているように、エクスキューズにならないようにしてね」と運動で追求していく必要がありま す。全日本ろうあ連盟（以下、ろうあ連盟）や全通研などががんばっているところです。

障害者自身の運動が権利条約を深める

この障害者基本法は五年ごとに改正するという法律です。改正は二〇一一年でしたから、来年（二〇一五年）から見直しがはじまります。不十分なところは運動しながら突破していきたいという話を、ＪＤ（日本障害者協議会）のなかではしているところです。

情報アクセスとコミュニケーション保障の点でいえば、改正障害者基本法の第二条で、手話等の言語としての確認、社会的障壁（「社会的障壁により継続的に日常生活、又は社会生活において相当な制限を受けるという状態」）という概念を認めたり、第三条三項では、コミュニケーションや情報取得に必要な代替手段を当事者が選択する機会の確保、「意思疎通のための手段の選択の機会の拡大」、支援者養成や情報アクセシビリティの確保ということで第二二条、このへんが大事な次の一歩への足場になるところではないでしょうか。

「障害者の意思疎通を仲介する者の養成及び派遣」というのも、権利条約の批准、そして改正障害者基本法という流れのなかで出てきている大事な項目だと思います。

私には失語症の友人がいます。この基本法の第二二条、「意思疎通を仲介する者の要請及び派遣」は、もちろん手話通訳や要約筆記などもこの概念ですが、失語症の人たちも、「話を支援してくれる人」の養成を要請しようとしています。

失語症の友人は「なかなか行政が理解してくれないんだ。でも俺たちって何なんだ。失語症って結局、障害概念で考えたら精神障害の一つで、やっぱり脳の障害だから、そういう制度のなかにあると思うんだけれども、精神障害の制度に入っちゃうと、結局脳にキズがついたみたいなところで、手帳取ってもほとんどメリットがなくて、それで身体障害者手帳のほうでやってるんだけど、なんか悶々としてるんだよね」と言っています。

そういう問題点も、いろいろな障害者団体が悩みの交流をしながら、権利条約で確認されている点として、共通した運動にしていけたらなと思います。

高松手話通訳派遣拒否違憲訴訟※も、権利条約を批准した歴史の流れのなかで、すごく早いスピードで和解するそうです。これも、憲法、権利条約、国内法改正、これを受けて障害者運動とともに、一つひとつ変えていけるかな、と思っています。

※高松手話通訳派遣拒否違憲訴訟

高松市在住の聴覚障害者、池川洋子さんが長女の進学希望の専門学校のオープンキャンパスの保護者説明会参加のために、市に手話通訳派遣申請をした。大西秀人高松市長は、市外であること、保護者説明会は客観的に参加する必要性が乏しいとの理由で派遣申請を却下した。池川さんは香川県聴覚障害者福祉センターを通じて東京手話通訳等派遣センターに通訳派遣を依頼し、保護者説明会に参加、派遣費用を支払った。二〇一二年、高松地方裁判所民事部に、高松市は派遣拒否を取消すこと、支払った派遣費用等の保障、裁判費用の被告負担、個人の尊厳の毀損による人格権侵害に対する慰謝料賠償を求めて提訴した。

2　障害者権利条約が暮らしに生きる北欧
自立（独立）して生活するための条件は

ヨーロッパの玄関はフィンランドの首都ヘルシンキで、日本から最短のヨーロッパコースです。最近は、九時間半くらいで行けるようになっています。「翼よ、あれがフィンランドの地だ」なんていう感じですね。

さて、障害者権利条約が暮らしに生きる、北欧のものさしで日本の現状をいくつか考えてみたいとおもいます。

ちなみに『みんなのねがい』という私の勤務している全国障害者問題研究会の月刊誌があります。そこに、「北欧＝幸せのものさし　―障害者権利条約のいきる町で」というエッセイと写真を連載しています。ＣＭです（笑い）。

まず最初は、自立（独立）して生きる条件ということで、「住まいと日中活動＋」について現場から報告します。

障害者権利条約の第一九条には次のように書かれています。

「(b) 地域社会における生活及び地域社会への包容を支援し、並びに地域社会からの孤立及び隔離を防止するために必要な在宅サービス、居住サービスその他の地域社会支援サービス(個別の支援を含む)を障害者が利用する機会を有すること」

と、日本語に訳したもののけっこう漢字が並んでいて、理解するのに難しく頭が痛くなるような感じがします。「サービス」「サービス」と文字が続くと、なんだか大安売りみたいですけれども(笑い)、この第一九条が「自立した生活及び地域社会へのインクルージョン」ということで、とても大事なことを規定しています。

デンマークでは、「ベッドルームとリビング、台所とトイレ、シャワー、合わせて一人あたり六五㎡」というのが、建築基準法に定められた住まいの基準だそうです。

私たちが訪ねたグループホームです。ある方は自分の部屋のリビング部分をキティちゃん風・お姫様風に改造して暮らしていました。また、別の方は「ボールプール」をリビングにつくって、日中活動を終えて作業所などから帰ってくると、「ボールプール」の中でゆったりとしているそうです。また別の人の部屋には、ビールのジョッキがいっぱい並んでいました。自分の好きなように部屋を改造して、自分らしく暮らしていました。

権利条約の第二八条に「十分な社会水準及び社会的な保障」があります。第一が、住まいの保障です。北欧圏はとりわけ自然環境が厳しいこともあり、ヨーロッパの中にあって、住宅施策が歴史的にも充実しています。住まいの保障の大事さが、「十分な社会水準及び社会保障」のベースになると思います。

ミゼルファートの精神障害者アパートにて

デンマークのミゼルファートという自治体で、精神障害のある人が住んでいるアパートと、日中活動をしているというところを訪問しました。精神障害がある住人が一二人、彼ら彼女らを支えるスタッフ、ＰＴ（理学療法士）、社会生活指導員（ペタゴー）が五人ということでした。

一階でインタビューさせてもらいました。次ページ写真の後にいるのが住人のみなさんで、前列が支援スタッフです。住人のみなさんは「一人でいたら寂しさから抜けられない。ここで

精神障害者のアパートでインタビュー

ならみんなと何かをいっしょにできる実感がある。だから生きられるんだ」と語ってくれました。

ここは、三階建ての、レンガ造りの近代的なアパートで、自治体の集合住宅（アパート群）のなかに、精神障害のある人たちのアパートもある、という関係です。日中は、市役所近くの、彼らが「ホワイトハウス」と呼んでいるたまり場で活動しているとのこと。

この「ホワイトハウス」を訪問すると地下には、ビリヤード場もあればバンドの練習場もあり、いろいろな余暇活動ができるように改造されていました。ここホワイトハウスは、当事者の委員会によって自主的に運営されているそうです。一人で住むことよりも、みんなを意識しながら、一人が大切にされながら生活をしている、という感じです。

失業保険と同額―デンマークの障害者年金（早期年金）

彼（写真）の名前はハンスです。私とお腹の曲線が似ているのでとても親近感を覚えたわけですが（笑い）、「僕の部屋見る？」と言ってくれたので「見せて、見せて」と、彼の部屋にいきました。そしたら子どもの写真が三枚飾ってあるのです。単身者と聞いていたので、写真の子どもたちとはどんな関係なのかと思っていると、「僕が支援しているナミビアの子どもたちの写真なんだ」と。アフリカの紛争地帯の子どもたちを、彼が支援していると言うのです。

この町の人口は四万人。デンマークの首都コペンハーゲンから西へ二五〇㎞くらい離れた田舎の町です。その町のアパートに住む彼がアフリカ・ナミビアの子どもたちを支援しているということに驚きました。聞けばハンスの障害者年金は、日本円

ハンスの部屋

に換算して年間約三〇〇万円です。「へえーっ」と、まずその額面で驚いてしまいますが、驚くべきは、デンマークの失業保険と同額なのです。障害があって働けないのは失業している状態と同じだ、という考え方で障害者年金が計算されているそうです。

権利条約の第二八条で書かれている安定した所得保障が実現されているなかで、仲間たちと日中活動にとりくみ、アフリカの子どもたちのことも思いやれる、その条件づくりがとても大切なことと感じました。

今日、社会的入院※を解消するという大きな問題がありますが、単に精神科病院の廃止で終わるのではなく、地域のなかで、医療・介護・福祉という総合的な支援策が、北欧ではとりくまれています。

日本の場合は、病床を転換して病院内も「地域」と考える、などという動きがあり、それに反対して今年（二〇一四年）六月二六日、日比谷野外音楽堂で三二〇〇人の大集会をしました。

北欧の小さな町で心安らかに安定して生きている姿と比べると、日本の障害者は闘わないと施策が進んでいかないのだと思います。今、世界の精神関係の病床の二割が日本にあるそうです。日本の人口は世界の一・七%なのに、精神科病床は、世界の二〇%をしめている現実は異常だと思います。

※社会的入院
精神障害者などで、医学的には入院の必要がないにもかかわらず、退院後のケアが充分でないために、病院での生活を強いられている状態。一年以上の長期入院を続けている人は二〇万人もいるといわれている。

障害者が運営する人気のレストラン

スウェーデンの首都・ストックホルムでは、障害者が働くレストランを何度か訪ねました。「グラサデ・ゴンゲン」という名前のデイケアセンターがおしゃれなレストランを経営しています。主に知的障害のある五〇人が働いていて、一八人の職員が支えています。厨房に入らせてもらいましたが、みなさん手先が器用で、障害のあるなしにかかわらず、小さいときから自然環境に触れているので、小刀など使うのはけっこう上手なのかなと思いました。

「私は何もできない」ではなく、「私はニンジンむける」「ジャガイモがむける」「卵の殻も割れるよ」、「だからあなたがいないと、このニンジンやジャガイモや卵をお客さんに出せないよね」というように、自信と責任感、喜びを経験しながらやっていますと施設長が語っていました。

卵を「私、割る係」だったり、「私たちは今週は皿洗いです」とか、ある青年は、ひたすら黙々とダンボールをつぶしていたり、仕事はいろいろです。自分たちの仕事が、お客さんを喜ばせ、感謝され、仲間みんなと働くことが楽しいと実感できる、働く意欲のわいてくるとりくみが、工夫されていました。

ストックホルムの人気のレストラン

工場街の倉庫を改造したおしゃれなレストランで、格好いいです。お客さんの労働者たちは鈴なりです。「ここは、儲けるつもりのあまりないところだから、安いんだ。地元のいい食材を使っていて、おいしいんだ」と言っていました。

知的障害の人も使えるキャッシュ・レジスターを導入していました。レジ係は知的障害のある人なので、たしかに「時間かかるなあ」と思うのですが、並んでいるみなさんは全然気にすることもない感じで、なんだか心持ちのいいレストランでした。

余暇は人権

北欧の障害者たちは、日中活動が終わる午後三時すぎからはどこで何をしているのでしょう。

この二〇年間で一〇度、人口が五万人くらいの小さい町で、障害のある人が働いているところや学んでいるところ、いろいろなところを見せてもらっています。

あるとき、作業所で織物にとりくんでいる人たちに三時を過ぎたらどうしているの？と聞くと、「仕事を終えたらラブックに行くのよ。楽しいよ」と言われました。「ラブック」とは、なんだろうと次の機会に訪問させてもらったのが余暇活動センターでした。

日中に充実した活動をして、仕事などを終えた後はゆったりと仲間と過ごせる場は大切です。
「働く」は、端《はた》を楽にするから、人のためにすることを「はたらく」といい、自分のために楽しむことは「道楽《みちらく》」、道楽《どうらく》でもある。「はたらく」ことと「みちらく」することが統一されて、人生は豊かになるのではないでしょうか。

くつろぐ障害者たち

デンマークのコペンハーゲンにある「ラブック」です。二五〇名の障害のある青年たちが利用していて、スポーツや手芸、乗馬などをやっているということでした。

オーデンセの町では、海軍兵舎を自治体が払い下げて改造した余暇センターで、二階が個室のアトリエ、一階はカフェとバンドの練習場、小ホールでした。

フィンランドのヘルシンキでは、知的障害のある人たちの「歌のサークル」に参加する機会がありました（写真）。

日中に充実した働く場や活動できる場がある。夕方には、余暇活動として気の置けない仲間たちとゆったり楽しむ場がある。

障害者権利条約は第三〇条で、余暇を権利として確認しています。余暇とは余りの暇ではなくて、暮らしの中で必要な時間と空間なのだと得心しました。

誰もが普通に生きるために

デンマークのユトランド半島にあるオーフスを訪ね、ワークショップ（作業所）を訪問しました。利用者は二〇人。半数は音楽活動をしていて、半数がその活動を支援しています。ギター弾きのダニーが「僕の新婚の家、見ていく?」と言ってくれたのでお宅におじゃましました。

「夕食はこの家で二人でつくるんだ。得意料理は豚肉のハンバーグ煮込みさ。二人は障害年金で暮らしている。金銭上の相談には地元の銀行がアドバイスしてくれるんだ」

障害年金があり、住宅は保障されています。金銭上の相談には、銀行が安定したお客さまということで、しっかりアドバイスしてくれるのだそうです。

♪私たちが望んでいるのは
平和な暮らしです。
子どもも女性も障害者も
普通に生きたい。
誰もが等しく心豊かに生きられる
すべての人の社会をつくっていきたい。

「千の風になって」の替え歌でした（笑い）。

ここは、静かな余韻にひたってください（笑い）。拍手があってもいいかなと思いますけど（拍手）。

強調したいのは、平和に暮らせることです。集団的自衛権の行使とかそんな物騒なのではなく、私たちが望んでいるのは平和な暮らしです。

子どもの権利条約もある。女性の権利条約もある。そして、障害者の権利条約もあるけれど、それが実行されることで、普通に生きられる。だれもが等しく生きられる、そういう社会をつくりたいなあ、とこころから思います。

インクルージョンを考える

スウェーデンのストックホルムでニールスさん（次ページ写真）のお宅を訪問しました。重量のある電動車いすに乗っている方でした。

最寄りの駅には、彼の重い車いすが乗れるエレベーターがないため電車が利用できませんでした。それでタクシーを使って都心に通勤していました。

そのタクシー代が年間約一六〇〇万円。それを自治体が全額タクシー会社に支払っているそうです。彼はストックホルム障害者連合の中心メンバーでたいへん活動的な人ですから、交通利用も並ではないので、この額が一般的な障害者の利用額ではありません。それにしても衝撃的な数字でした。

ニールスは言います。

「僕が一六〇〇万円を着服したり、個人的に貰ってたりするのなら、それは驚かれるかもしれないけど、タクシー会社に自治体が支払っているわけで、それによってタクシー会社は運営され経営が成り立っている。どうしてそんなに驚くの？」

と、ケロッとして言うのです。

「ストックホルム全体で、移動が困難な高齢者、障害者は約八万五〇〇〇人います。その人たちの移動にかかる年間の費用が七〇億円以上です」

ニールスさんのアパートで

「誰もがそうなる可能性があるのだから、みんなは当然だと思っている。それもまた地域の経済に役立っている。障害のある人、高齢によって移動が困難な人の移動保障は、その当事者の権利を保障することであるけれど、同時にその地域経済を回転させている」

そして、「スウェーデン社会が現在かかえている最も大きな困難の一つは、多様な民族、多様な価値観とさまざまな生活習慣の違いを尊重しながらのインクルージョン＝排除しないことなのです」と言いました。

障害がある、障害がないという問題ではなくて、民族の問題、宗教や多様な価値観、生活習慣の違いを、どう尊重しながらインクルージョンしていくのかが大事な課題だということなのですね。

バリアフリーは当たり前

自転車も持ちこめる地下鉄車内

デンマークのコペンハーゲンの地下鉄には、けっこう自転車が乗っています。地下鉄だけでなく、電車にも自転車は簡単に乗せられるのです。自転車が乗るということは、改札口を自転車で通れるということです。次の駅では乳母車も乗ってきます。乳母車が乗ってくるということは、車いすも、電動車いすも乗り込めます。

コペンハーゲン市民には、電動車いすの人のために電車を改造しているという意識はないと思います。みんなが自転車を利用しているから、自転車と同じように車いすの人も利用するし、そのためにバリアフリーにしている、という認識でしょう。

一方で、古い町です。石畳の多い道路です。段差はけっこうあったりします。車いすの仲間と旅すると、「車いすで旅するなら、日本のほうが絶対、楽だよ」と言います。

ベビーカーを手伝う青年

写真は大きなベビーカーをもった女性が列車から降りるところです。スッと青年が先に降りて彼女を手伝いました。見ず知らずの青年らしく、手伝いが終わったらスッと列車に戻る。じつに自然な感じでした。

ベビーカーとか車いすとか利用していて困っている人がいれば手をさし出す。それは、「ジェントルマンなら当たり前」と家庭教育されているとのことです。そうした家庭教育も含めて、「自立した社会生活及び地域社会のインクルージョン」は日常のこととしてあるのです。

あるとき、車いすの仲間が、「パスタを食べたい。肉ばっかり食べてるとおかしくなっちゃうよ。パスタだ！」と言うので町で探すとパスタ屋さんを二階に見つけました。でも「あれっ、エレベーターない。どうしようか」と思っていると、二階のレストランの従業員が一人降りてきました。そして、通りを歩いていた青年が二人、こちらが「助けてください！」というまでもなく、スッと二階に上げてくれました。こういうときなんて言えばいいのか。サンキューだけでいいのかなあ、なんて思っているうちに、二人はサッサッと消えてしまっていました。

「ジェントルマンなら当たり前」なのだろうけれど、なんでしょう、気持ちに余裕があるといえば余裕がある。北欧の街を歩いていると、そんな場面に遭遇するのです。

レジスタンスの歴史が福祉国家の基礎に

デンマークの場合、福祉国家の背景にはナチスドイツと闘ったレジスタンスの歴史があると感じます。

コペンハーゲンにあるレジスタンス博物館にはこんな記録が残っていました。

一九四二年九月二九日、デンマークはナチスドイツに占領されます。ドイツの圧倒的な軍事力の前にすぐ降伏します。けれど、その翌日からレジスタンスという抵抗運動を組織します。

占領したナチスドイツは、「デンマークに住んでいるユダヤ人を全部出しなさい」と求めます。でも、コペンハーゲン市民は、当時住んでいたユダヤ人の九割にあたる七九〇〇人を三〇〇隻の小さな漁船で一〇〇〇回も往復して、中立国のスウェーデンに脱出させているのです。『ユダヤ人を救え』（エミー・E・ワーナー著）という本に書かれています。

そのインタビューでコペンハーゲン市民が「それが私の義務だと思ったから」と答えて

いるのです。学校関係者、市民病院のスタッフ、療養所関係者、教師、校長、牧師、警官、魚売りという職業の人たちが七九〇〇人のユダヤ人を匿《かくま》って、脱出させた。その歴史を忘れてはいけないとレジスタンス博物館をつくっている。おじいちゃんが小さい子どもを連れてきて、そういう歴史を語って伝える場にもなっている。

歴史、文化の厚み、積み重ねが、人権思想や福祉を前進させるうえで、とても大事ではないかと思います。北欧の福祉国家づくりのベースにある、平和へのねがいや、抵抗の歴史を語り続けていることを、私たちはしっかり学ばなければいけないと思います。

デンマークの障害者運動

こうした北欧で、障害者運動はどんな展開をしたのか。

「ノーマライゼーション」を提唱したのはデンマークの社会大臣だったバンク・ミケルセンです。青年時代はナチスドイツに抵抗して収容所に入れられた経験があります。戦後、知的障害者の親の会のスタッフになって、障害者問題を改善しようと一九六〇年代に

「ノーマライゼーション＝障害者を排除するのではなく、障害をもっていても健常者と同等に生活できる社会こそがノーマルな社会である」と提唱しました。

また、「パーソナルアシスタント」制度を提唱したのはデンマークの筋ジストロフィー症患者たちの運動でした。

デンマーク筋ジストロフィー協会は、ユニークな発想で、デンマークのビッグイベントとなった「グリーンコンサート」を主催しています。有名なアーチストが参加してロックフェスティバルをする。そこで稼いだ資金で、ビーチに素敵なコテージなどを建てて、それを貸して会の収入にする。

そうしたデンマークでも、一〇〇年前には障害者は家族や社会から捨てられ、五〇〇人も収容する大規模施設に閉じ込められていました。教育も受けられず、職員も少なくて革のベルトでベッドにくくりつけられていた歴史があります。その歴史を反省するために、当時の精神病院跡が博物館になっている町もあります。

ノーマライゼーションは日本では「脱施設化」などと紹介されていますが、大規模施設ではなく、町のなかの「家」で暮らすとりくみがすすみました。大きな精神病院跡地は、中規模な生活施設に変わり、さらに町なかの「グループホーム」へと変わってきています。

その間、一九七六年に生活支援法、九八年に社会サービス法を確立しています。

私がこの二〇年間で六度訪問している町の精神病院の跡地は、現在、障害者のアパートや、高齢で知的障害になった人たちの二四時間ケア付きの「住宅」に変わりました。

一八歳になればだれもが独立する

デンマークの知的障害者の親の会の会長が、自分の息子の場合を紹介してくれました。二〇〇〇年当時、デンマークの平均賃金は月約三五万円、それに対して知的障害のある息子には約二八万円が保障されているということでした。

背景には、一八歳になれば、障害があってもなくてもだれもが親から独立するということがあります。一八歳以降は親が育てるのではなく、社会で育つということです。

日本では、障害者権利条約批准に向けた議論で、所得保障をめぐっては十分テーマになっていません。今後の権利条約下での大きな課題です。

福祉を支える自治と民主主義

安定した所得保障はとても大事なことです。それを成し得ているのはデンマークの自治と民主主義の成熟でしょう。人口八〇〇〇人の自治体の議会を傍聴したことがあります。議会は、月曜日と水曜日の夜七時から開いているそうです。いわゆるプロは市長と副市長だけで、あとの議員は無報酬です。

「議会始めます」っていったら歌集が配られて、合唱で始まりました。スポーツ協会がつくっている歌集だそうですから、日本でいうと「森のくまさん」みたいな歌をみんなで歌って議会が始まります。無給の議員たちは商店主、教員、ヘルパー、農民などで、町のこと、財政のことをどうするかという話をしていました。

この町のヘルパーの労働組合の組織率は九八%。日本は一八・五%。投票率は九〇%です。こういった自治や住民意識、民主主義のレベルが、障害のある人の所得保障や生活保障のベースになっているのだと思います。また、自治体には必ず障害者委員会が設置されていて、障害者に関係することでは必ず意見を聞くのだそうです。

ソノボーという自治体を訪ねたとき、元ＰＴＡ会長という市長と懇談したことがあります。七万人の町ですけれども、「市長、この町の予算はどうなっているのですか？」と聞くと、「教育と子育て関係で五〇％。高齢者関係で二〇％かな。障害者と失業対策で二〇％」と言いました。「そしたら市長、あと一〇％しか残りませんよね」といったら、「うん、そんなもんじゃないかしら」と笑ってました。

たしかに、「医療」はデンマークに五つある「広域自治体」の責任ですので、自治体は市民の生活に関わる、教育、子育て、高齢者などの分野に予算を活用できるのです。「道路行政」という名で、地価をつり上げ、膨大な費用をつぎ込んでいるなどあり得ないのです。

北欧の税金制度は消費税ではなく応能な所得税が基本

「北欧で考えた日本の福祉」ということで、『PandA-J』という雑誌が出ています。野沢和弘さんという毎日新聞の論説委員が編集長です。二〇一三年に、「北欧を見て考えた」のだそうです。「北欧で考えた日本の福祉、私たちはどこまで来たのか」と見出しにあります。

スウェーデンやデンマークの福祉は私たち日本人にとって夢だった。日本がめざすべき理想として常に輝いていた。数多くの研究者や福祉関係者が北欧を視察し、理想郷の現場や制度が紹介されてきた。北欧の福祉のすばらしさは事実であり、私たちがめざしてきたことは決して間違ってはいないと思う。ただ、どうして手厚く進歩的な福祉が実現しているのか。福祉を支える財政や経済や教育や社会のありようについては必ずしも十分に報告されてこなかった。

とあって、「消費税は二〇％以上だ」「競争社会だ」「ユーロは危機にある」、そして「北欧だとて公助から自助へ行っている。財政難でこれ以上できない。七四歳まで年金がもらえないかもしれない。停滞している障害者就労。被後見人は国政選挙ができない。パーソナルアシスタントの悪用例もある」とつづきます。

違うんじゃないのと、私は思います。

「理想郷の北欧だが、福祉を支える財源や経済や教育や社会のありようは十分に伝えられていない」ということですが、税制に関する報告はけっこうあります。少し整理してみたいと思います。

まず消費税は、デンマークが二五％、スウェーデンでは二二％です。消費税は大きいですが、北欧は、応能な所得税制度が基本です。税制のメインは所得税なのです。収入の六割から七割が応能な負担として納税となります。日本の場合、社会保険料などを加えて換算すると納めるのは四割程度でしょうか。

けれども北欧では、教育、医療、福祉は完全に無料です。教育に至っては修学旅行、学校給食、鉛筆、消しゴム、教科書……、大学まで教育に関わる費用は無料です。医療についても、差額ベッド、食費、パジャマまで含めて無料です。「介護保険」もありません。ですから、北欧での貯金は少ない。逆に日本は、世界ナンバーワンの貯金国です。その額一四五六兆円。それがあるから日本の経済は安定しているともいわれています。でも、日本人の貯金目的は「病気になったときが不安だから」が六七％、「老後のため」が五六％、そして「教育」が三〇％だそうです。かたや北欧では教育、医療、福祉は完全無料。みなさんはどう考えますか？

それとさらに、日本の消費税が始まって二十数年たちます。その間の総合計は二二四兆円です。ところがこの間に二〇八兆円の企業税減税があった。「あれれ？　消費税は福祉に回っていない？」。最近トヨタの社長がポロッともらして、五年間法人税を払っていなかったことがわかりました。新聞報道では、この深刻な不況のなかでもトヨタは今年の純益は二兆円を大幅に上回るそうです。どこを向いた、だれのための政治であり、税制なんでしょう。

しっかり事実にもとづいた福祉を支える財源、経済、教育や社会のありようを学んでいく必要があると思います。

「高負担だから高福祉」なのではなく、そもそも「税は人々の暮らしのためにある」、それをなしえるガラスばりの民主的な政治があるというのが、北欧の基本なのです。

障害者権利条約に恥をかかせないで

最近、日本を含む七カ国の若者意識調査の結果が出ていました。

Q：「自分の将来に明るい希望をもっていますか？」

スウェーデンでは九割の子どもたちが自分の将来に明るい希望をもっていると答えています。フランス、ドイツで八割ほど、韓国も八六％です。でも日本は六一％です。

Q：「四〇歳になったときに幸せになっているとあなたは思いますか？」

スウェーデンは八二％、日本の子どもは六六％、どうでしょうか。

さて、権利条約の批准がされて、今後の運動をさらに強めていこうというなかで、藤井克徳さん（日本障害フォーラム幹事会議長）は次のように言っています。

条約の批准が成った暁には、恐らくこの国は新しいステージに入ると思います。私ども民間の方も、これまでにも増してやはり社会から信頼される存在と活動を続けていこう、そういう決意でおります。

その上で、立法府に対して、そしてこの際、政府や司法府に対してもお願いがございます。それは、権利条約に恥をかかせないでほしいと思います。

障害者権利条約に恥をかかせないで、このことを訴えて発言を終わります。（参院会議録、第一八五回国会　外交防衛委員会　第九号、二〇一三年一一月二八日より）

これは権利条約批准を前にした国会審議の最後の発言で、障害者団体を代表した形で「権利条約に恥をかかせないで」と、藤井さんが国会で述べた言葉です。批准はゴールではなくてスタートだから、自立支援法違憲訴訟の「基本合意」「骨格提言※」、権利条約を羅針盤にして進めていこうということでした。

毎年六月、権利条約を批准している締約国による締約国会議が、ニューヨークの国連本部で開かれています。今年の会議には日本政府を代表して、藤井さんなど障害者代表も参加して、ニューヨークで発言しています。

※骨格提言
障害者福祉サービス利用の障害者に応益負担を求めた障害者自立支援法に代わるものとして、内閣府・障がい者制度改革推進会議・総合福祉部会が新法の制定をめざして骨格提言としてまとめたもの。

他の者との平等の視点で格差の実態を明らかに

九月にはジュネーブの国連で障害者権利委員会があります。締約国は政府報告書を出す義務があり、その政府報告書にもとづいて障害者権利委員会で審議されていきます。日本は批准しましたから、二年後には日本の政府の報告書をジュネーブ事務局に提出します。その報告書に対して障害者団体が、たとえば手話通訳の問題ではこんな実態がある、こんな不十分な点があるなどと、政府報告書を補完する報告書（「パラレルレポート」）を提出できます。権利条約について、日本の障害者運動はひとまとまりですので、それを有利なものとして、政府に圧力をかけながら進んでいくことになると思います。

そのポイントは、「他の者との平等の視点で格差の実態を明らかにしよう」、ということです。

「二倍！」、これは東日本大震災の被災三県の障害者の死亡率です。なぜ普通の人に比べて障害のある人は、三県で死亡率が二倍だったのか。その実態は何なのか。日本の障害者のおかれている実態とどう絡むのか、といったところなども明らかにしていく必要があると思います。

「八五％！」、年収が一一二万円以下の、障害のある人たちの率です。相対的貧困線といわれている一一二万円以下の暮らしをする障害者の率が八五％、これはどうなのか。

「四・三％」、障害がある人の既婚率です。家族同居の場合二〇代の障害のある人の九割、五〇代で三六％が結婚していない状態です。この実態はどのように改善していけるのか、いろいろな障害者団体と連携しながら問題提起していけたらと思います。

精神障害者の社会的入院は日本では二〇万人といわれています。その解消に向けてのとりくみや、難病の人たちの支援の問題もあります。

また、障害者が六五歳の誕生日を迎えると、介護保険が優先となっています。そのため、いままで障害者として受けていたサービスが受けられなくなったり、介護保険の負担金が発生するなどの問題が生まれ、訴訟も起こっています。岡山の浅田達雄さんは、岡山市を訴えて訴訟を始めています。※

こういう問題も、障害者権利条約を批准した日本で、いろいろな障害者団体と連携しながら一つひとつ突破していこうというところです。

※上下肢に重度の障害をもつ浅田さんは、介護保険の申請をしていないことを理由に、六五歳になると同時に、無償の介護サービスの打ち切りや、障害者自立支援法上の給付を不支給とする決定を受け、その取消を求めて岡山市を相手に提訴した。（二〇一四年九月）

この六月二六日、日比谷野外音楽堂で、精神障害の人たちが呼びかけて、三〇〇〇人をこえる大集会が行われました。精神病院の「病棟転換型」はおかしい、厚労省は精神障害者の声を聞くべきだという集会です。精神に障害がある人たちが日中の日比谷野外音楽堂で大集会をやったのは、日本の歴史ですごいことです。呼応して、さまざまな障害者が連帯してとりくんだことも大きかった。

黙っていたら、悪いようにしかなりませんから、小さい声でもみんなといっしょになって、連帯して大きくアピールしていけたらなと思います。

「この子らを世の光に」できる社会を

インクルージョンは権利条約のキーワードといわれる言葉です。

インクルージョンの思想は、実は戦後初期から日本でも誕生していました。

この子らに世の光をではなく、

「この子らを世の光に」の思想です。

これは近江学園の糸賀一雄（一九一四―一九六八）さんらの言葉です。近江学園から発展して重症心身障害児施設「びわこ学園」がつくられていきます。

「この子らに世の光を与えてほしい」のではなく、「この子らを世の光にできる社会を」つくろうという思想です。どんなに障害が重くても、この子らが生きているという存在そのものが光である。いのちの絶対的価値に確信をもってとりくむ。そしてそれを支援する人のなかにも同じ光がある。

インクルージョンは「排除しない社会づくり」。これは同じですね。そして、その実現の運動は、糸賀さんら先達たちのバトンを受け継いでともに闘うことなのだと。

私たちはそういう歴史のリレーランナーになりたいと思います。

♪そうだ　おそれないで　みんなのために
愛と勇気だけが　友だちさ
ああ全通研　やさしい君らは
行け　みんなの夢　守るため

ああ全通研　やさしい君らは
行け　みんなの夢　守るため
(笑いと拍手)

聴覚障害者への生活支援

――手話通訳者の視点と働き方

近藤幸一

筆者プロフィール

近藤　幸一（こんどう　こういち）

一般社団法人全国手話通訳問題研究会副会長。一九五二年福岡県生まれ。手話通訳士、社会福祉士、介護支援専門員。立命館大学を卒業後、一九七八年より京都市聴覚言語障害センター職員。二〇〇五年いこいの村所長、二〇〇九年京都市聴覚言語障害センター所長、社会福祉法人京都聴覚言語障害者福祉協会理事、公益財団法人京都市障害者スポーツ協会理事、社会福祉法人全国手話研修センター理事。主な著書に、『手話通訳と手話通訳実践』（共著、全日本ろうあ連盟）、『聴覚障害者と生活ニーズ』（障害者ケアマネジャー養成テキスト、共著、中央法規）などがある。

はじめに

私たち全通研（全国手話通訳問題研究会）会員の多くは、ろうあ者相談員でも何でもありません。もちろん本職で相談員やケアワーカーをやっている人もいれば、ソーシャルワーカーもいるのでしょうが、多くは手話通訳というところで、聴覚障害者にかかわっています。

私たちが通訳者として聴覚障害者にかかわっていくときに、生活支援という視点が大事なポイントだと思います。

そこで今日は、この問題をみなさんと一緒に考えたいと思います。

また「聴覚障害者への生活支援」というテーマに添いながら、私たちの手話活動のあり方、働き方、考え方をもう一度検討してみようというのがねらいです。

手話通訳者がやろうとすることと生活支援員がやろうとすることは、目的は同じ方向を向いていると思います。同じ生活問題に、共通の目標をもってアプローチすることが大切だと思います。

言い換えれば、対象である聴覚障害者の暮らしをどうよくしていくか、その人の困りごとをどう解決していくかです。その人が困りごとをかかえながらも人として豊かに生きていくために、どのような支えが必要なのか。これらについては手話通訳も相談支援でも、聴覚障害者の暮らしを高めるという点では同じだと思います。

めざすところが同じだと考えていくと、それに至る道筋ではどんな共通項があるのかということになります。その共通項は、生活問題にかかわる支援であるといえます。

生活問題は、大事な概念です。聴覚障害者の暮らしをただ漠然ととらえるのではなくて、具体的に暮らしのなかでどのような生きづらさがあり、それはなぜ生まれるのかを知り、生活問題の解決を聴覚障害者と共にめざすことが私たちの役割だと思います。生きづらさの様相は人によってそれぞれに違いがありますが、生きづらさには大きく二つの側面があると思います。

一人ひとりが個別的に生きづらい、たいへんだと思っている問題と、Aさん、Bさん、Cさん、Dさんに共通している生きづらさの問題という二つの側面です。

共通する生きづらさは、生活問題として把握することが大切だと思います。生活問題は社会的に引き起こされますので、その支援は、聴覚障害者の生存権保障をめざすものとなります。社会問題には環境問題、労働問題、障害者問題、失業や貧困などいろいろあります。聴覚障害者のかかえる生きづらさも社会問題の一つだととらえ、その解決をめざす私たちは、社会科学的な視点をもつことが大事だろうと思います。

生活問題解決の主体、つまり当事者は、あくまで聴覚障害者ですから、その人と一緒に解決をめざす。そのプロセスに、手話通訳者の支援がどのように位置づくのか考えあってゆくことが大切だろうと思います。

聴覚障害者の生活問題を支える視点と枠組み

ここに掲げた図1は同志社大学の先生だった三塚武男さんが作られたものです。三塚武男さんに馬肉などを食べさせてもらいながら、お話を聞く機会がありました。

図１　生活問題をとらえる視点と枠組み

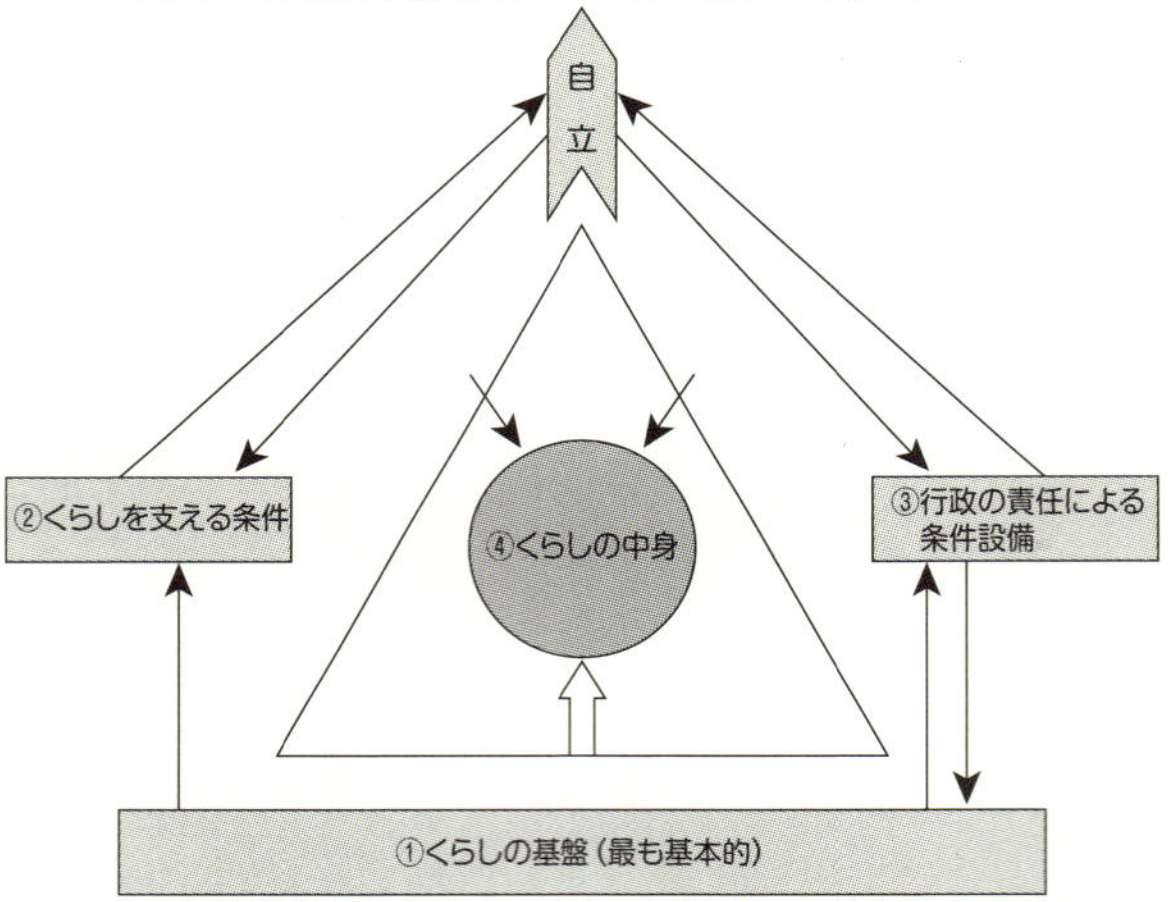

①「**くらしの基盤**」―生計計中心者の就業・雇用の有無と労働条件、安全な道路・交通手段と住宅・生活環境施策、保健・医療体制⇒地域の階層性（どのような階層の住民がどれだけ住んでいるか）
②「**くらしを支える条件**」―近所づきあいやくらしのことで相談をする相手、地域活動への参加など⇒住民同士の横の交流や協力
③「**行政の責任による条件整備**」⇒くらし・健康を支える公共的な生活手段
④「**くらしの中身**」―世帯の規模や構成、居住期間、睡眠休養、健康状態

「近藤くん、わかるか、人間が生きて行くうえで規定的な条件、それは食とコミュニケーションだ…『食』というのは『馬肉』を食うことだ、美味いだろう」（笑い）、「人間は食わんと生きていけへんやろう」と。

NHKの朝ドラで「ごちそうさん」（二〇一三年）というのがありました。あのなかで人間はどんなに悲しいときでも、どんなにしんどいときでも腹は減るといっていました。それは真実ですよね。なので、食わなければ生きていけない。それと同じようにコミュニケーションは重要なんだということです。

図1のなかの「②くらしを支える条件」とは「近所づきあいやくらしのことで相談をする相手、地域活動への参加など、住民同士の横の交流や協力」のことです。つまり人は一人では生きていけないということが書いてあるわけです。人は人のなかでしか生きていけない。

赤ちゃんはまずお母さんとお父さんと子どもたちといった家族集団のなかで言葉を獲得していきます。言葉が発達していくなかで社会性が身に付いていきます。発達的にはその通りです。

それでは学齢期が過ぎるともう発達しないから、成人した聴覚障害者にコミュニケーションしても仕方がないのかというとそうでもありません。

「なるほど」という手話があります（右手の親指をあごにあて、残りの四本の指をそろえてひらひらさせる）。みなさんはこの成り立ちをご存じですか。

三十数年前に私が仕事に入ったときに、京都ろうあセンターの館長だった明石欣造さんから教えてもらいました。この手話は、自分の言ったことを打ち消すというところからきているそうです。「打ち消すこと」が「なるほど」の意味なのです。

これは見事に、コミュニケーションと発達の関係を表している手話だと思います。人間は、労働を通して知識や自然の法則にそった思考の方法を学び成長し、社会的集団のなかでの人と人との交流を通して、社会的規範（ルールや倫理）を身につけると言われます。コミュニケーションするなかで、自分自身が知らなかったことや違っていたことを、反省的に認識し新しい段階に質的に高めていく。これが発達の原動力になるわけで、それを「なるほど」という手話ははっきりわかりやすいかたちで表しています。

人は、どんなに高齢になっても、どんなに重い障害があっても、そうやって自分というものを新しく質的に変化させていける、それを「横の発達」といっています。

では「縦の発達」はというと、昨日できなかったことが今日できるようになることです。小さな子どもは、日を追って自分の身体能力等を獲得していきますが、大人は一定の年齢に達すると昨日一〇〇ｍを一六秒で走れたものが、今日は一三秒とは残念ながらなりません。むしろ昨日一六秒で走れたのに、今日は一六・五秒というように身体的能力は落ちていきます。

しかし、人とかかわっていく力、その意味で、人間らしく生きる力は無限に発達していきます。ケアワーカーの方でお年寄りの支援をしている人はわかると思いますが、いろいろ教えられます。

お年寄りの発達可能性に信頼をおくことは介護や相談の基本だと思います。

高齢の聴覚障害者の場合も、日常不断にまわりにコミュニケーションを保障していくことによって、生活の質をあげていくことができます。コミュニケーションを保持し豊かな暮らしを支えていく役割を果たしているのが手話サークルだと思います。

手話サークルの活動は大きな意味をもっています。

障害者と地域のつながりとか、住民同士の横のつながりを結んだり、協力を呼びかけて理解を深めてもらう。サークルはそういう役割も果たします。

「③行政の責任による条件整備」というのは、「くらしや健康を支える公共的な生活手段」ということになるんでしょうね。手話通訳制度などがこれにあたると思います。

「①くらしの基盤」とは、生計中心者の就業・労働条件、また障害者が生活するための基本的な生活環境、社会的に共通する保健や医療体制などを指します。

いくつかの地域ではとりくまれていますが、今、この日本全体で聴覚に障害のある人たちの暮らしの問題がどうなっているのかは、もっと科学的に明らかにすべきだと思います。

なかなか調査しづらいところはあります。収入や家族構成がどうなっているかなど聞きづらい質問で、難しい面もあります。ですが聴覚障害者の暮らしの問題を科学的にとらえ、解決の方向性を見出していくとりくみは、当事者団体である全日本ろうあ連盟にとってもとても大切なとりくみであろうと思います。このような調査を通じて、聴覚障害者の生活の構造というものをはっきりととらえていくことが大事ではないかと思います。

また、一方で、私たち自身も反省しなければなりませんが、手話通訳者が介在することによって、このような生活問題が見えにくくなっていることがあるのではないかとも懸念しています。このことは、少し後でもふれます（一一七ページ参照）。

聴覚障害の四つの重層構造

図2に示した「聴覚障害の四つの重層構造」は聴覚障害（聞こえの障害）を捉えるための考え方を示したものです。

もちろんこの「四つのパネル」は、一人の人間に体現されるもので、ばらばらに存在しているものではありません。私たちが聴覚障害者を支援する場合、この四つのポイントで整理して考えていくと支援の内容が組みたてやすくなると思います。

図2　聴覚障害の四つの重層構造

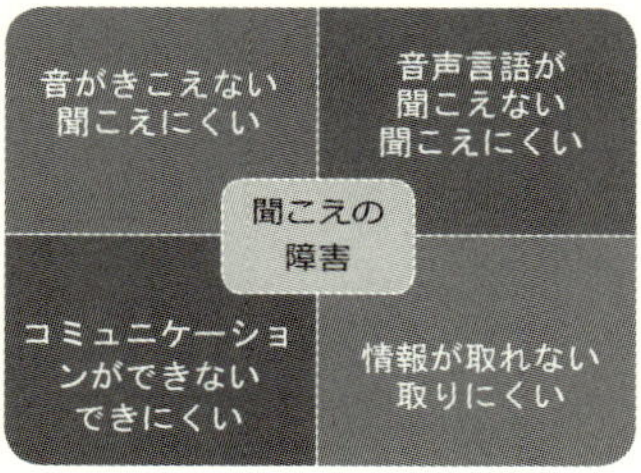

①音が聞こえない・聞こえにくい

音というのは人間にとって文化的な要素ももったものです。

例えば、騒音です。日本では騒音と雑音を使い分けていますよね。どう違うのかと聞かれてもよく説明できませんが、言葉としては騒音と雑音と二つあります。けれども英語ではノイズというひとつの言葉で表現すると聞きました。アメリカ人には、そこあたりの音の区別は、日常の生活の中であまり重い意味を持たないが、日本人はそこを聞き分けているということでしょうか。だとすると日本人は騒音に対してはより繊細なのかもしれませんね。

音楽なども人によっては、その生活にとって大きな意味をもつものだと思います。また、おそらくですが、難聴の動物は自然界で生きていけないですね。まず命が持たない。命を防衛する、守るという面では「聞こえ」は大事な意味を果たしているだろうと思います。

②音声言語が聞こえない・聞こえにくい

それから二つ目が言葉です。ここでいう言葉は音声言語のことをさしています。聴覚障害者が生活する私達の社会では、音声による言葉を使う人が圧倒的多数であり、社会のさまざまな仕組みもそのことを前提に出来上がっています。

ですから、これまでろう学校では、音声言語によるコミュニケーションを身につけることが大きな目標になってきた歴史があると思います。

しかし、言葉には手話もあるということが、障害者権利条約（二〇一四年批准）とか障害者基本法の改正（二〇一一年）のなかでも明らかにされてきました。

言葉は、人が外界を知覚したり、知覚したことを整理したり、認識したり、考えたり、またコミュニケーションの手段としても大切な役割をもっていることは、みなさんよくご存知のとおりです。

その機能を充分に発揮して人が人らしく成長し、生きていくためには自由な言葉の駆使は不可欠だと思います。その意味で、もっと手話の重要性が社会的な認識になるべきだろうと思います。

③コミュニケーションができない・できにくい

そこから人間同士が関係していくために必要なのがコミュニケーションです。

ここでいう、コミュニケーションができる・できない、できにくいというのは、音声言語を中心とするコミュニケーションという意味です。

④情報が取れない・取りにくい

聴覚障害者は音声言語でのコミュニケーションから情報が取れない、取りにくいという問題があります。

以上の四つが、聴覚障害者の一人ひとりの具体的生活のなかで、生きづらさをもたらす原因になっている、ここに私たちは注意をはらって生活支援の内容をとらえていかないといけないということです。

コミュニケーション障害とは

ここではコミュニケーション障害について、少し深めてみたいと思います。

「世を恋いつつ、人を怖れる」

このフレーズは、津名道代さんの『難聴　知られざる人間風景　その生理と心理（上・下）』（二〇〇五　文理閣）のなかにあります。

このフレーズの「世」を「人々」と言い換えると「人々が恋しくて、人々のなかで生きて行きたいと思うけれども、人が怖い」ということですね。

なぜそうなるかということを津名さんは聴覚障害者と通じるためには「聞こえる人間」も「普段と異質な努力」をしなければならないし、「快く協力（自己変換）をすることは人間心理としてなかなかむずかしい」といっています。つまり、人間は黙っていてもコミュニケーションの必要性は生じますから、どういう場面であってもコミュニケーションから逃げることができない。だから、あなたと私が一緒にいて、そこで直接言葉でやりとりをしようとすると、聞こえる相手は異質の努力をすることになるというわけです。「手話を覚える」、「筆談をする」、「ゆっくり話す」、「口の形をはっきりと示す」……。こういうことは目の前に聴覚障害者がいなければ、日常生活の中では、あまりしないことです。

私たち健聴者は、ものを書きながら相手の顔など見ずに会話することが普通にあります。

ところが、聴覚障害者がいると、顔を見ずに言葉を発してもだめです。一旦ものを書く手をとめて、手話や口話や筆談をしないといけなくなります。これは健聴者の日常の生活ではしなくていい「努力」です。みなさんがたは、その「努力」を進んでわが事として捉え、考えている人たちだと思います。そこがみなさんの優しさでもあると思います。でも、優しさだけで片付けてはいけない問題かもしれません。

耳の不自由な津名さんは、「障害（コトバがきこえぬ）のほうは、常にコトバを交す人と人との間で相手を巻き込んで起きる」と、書いておられる。

例えば最初は、「すみません。聞こえないので、ゆっくりしゃべってください」「わかりました。あのね…」としゃべる。ところが、五分くらいするとしゃべっている方も疲れてしまう。なにしろ非日常的なことをするわけだから、ついついうっかり早口になったりしてしまう。そこで聴覚障害者は「もう一回、お願い…」と言いたいがなかなか言えない、また言いにくい。

私が教えていた大学のクラスにも難聴の学生がいましたが、だれかが冗談をいうと、クラスがどっと沸きます。その学生は、冗談の意味がわかってないと思うんだけれども一緒に笑っていることもある。その学生の気持ちを考えるとすごくつらい。本人も本当につらいと思う。だから「世を（人を）恐れる」（津名）んです。そのようなときには、おそらく自分が自分で嫌になることもあるのではないかと思います。

家のなかでお年寄りが一人いて、家族で一緒にテレビを見ているとします。そこでそのお年寄りが聞こえにくいからと音を大きくしたら、トラブルになりますね。その繰り返しでだんだん嫌になってくる。孤立化していきます。

孤立化することによって、人との関わりが少なくなってくるから、逆に身体や活動のレベルが落ちる。活動レベルが落ちるとさらに社会的な孤立がすすむことにもつながる。

高齢になって失うものの一つに、社会的な地位や役割というものがあると言われます。社会的な地位や役割を失うというのは、人生にとってつらいことです。昨日まで、会社の役員をやっていた人、自分のポジションがしっかりあった人が定年になった瞬間から社会的にあてにされなくなるわけです。退職後に町内で頑張ってみるけれども、それまで地域で付き合いがないと、もう一つうまくいかなかったりする。

ほんとうはみんなと一緒にいたいんだけれども、一緒にいることが辛い。

視覚障害は「ものの壁」、聴覚障害は「人の壁」って、よく言われますね。いずれにしてもつらいなと思います。

「情報」が人の可能性を拡げるのでなく、逆に人を縛り、主体性を奪うという議論もあります。情報アクセシビリティ、つまり聴覚障害者の場合に、視覚からの情報が得られやすいかどうかについての議論があります。それは大切なことだと思います。しかし、視覚からの情報の一方的な提供だけを問題にしていると、提供された情報を十分に利用できない聴覚障害者がいてもそれは、「自己責任」として片付けられる可能性があることも考えておく必要があります。

「情報は出した」、「差別解消法ができて、通訳はつけた」、だから後は自己努力。「条件やスタートラインは一緒になったのだから、結果がどうなるかはあなたの責任でしょう」という状況になったときに、これでほんとうに平等になったのか？　ほんとうにそれで十分なのか？　「スタートラインを一緒にする」、つまり、外形的に手話通訳をつければほんとうに平等は実現するのかということです。

情報アクセシビリティは、届ける情報が受け手である聴覚障害者にとって、その人としての可能性を広げたり、生きる力に結びついていく。そのような側面をともなったものとして考えられなければならないと思います。

むろんこのような情報の活用にかかわる問題は、聴覚障害者のみの問題ではありません。情報機器の発達による情報の氾濫が、便利さと引き換えに人間生活にマイナスの影響を与える例もあると思います。

最近の事例でいうとスマートフォンなどのアプリケーションを使ったＳＮＳに起因する行き違いや関係のもつれが原因で、いじめや暴力などの子どもたちの事件が、増えています。

私の住んでいる地域の中学校では、いま携帯電話の利用を禁止したらどうかというような声も出ていると聞きました。禁止するところまでやるかどうかは難しい問題ですが、少なくとも人間生活の可能性を拡げていくはずだったものが、実は人間生活を破壊していく側面が出てきている。情報というのは、ことほどさように情報を使いこなす主体、その情報を判断する能力が必要です。与えられた情報に自分自身がふりまわされたり、しばられることは、障害のあるなしにかかわらず起こりえます。

なぜ「コミュニケーション支援」でなく「意思疎通支援」なのか

なぜ障害者総合支援法ではコミュニケーション支援ではなく、「意思疎通支援」になったのかと聞かれます。

「コミュニケーション」は広辞苑によると「社会生活を営む人間の間に行われる知覚・感情・思考の伝達」であり「言語・文字その他の視覚・聴覚に訴える各種のものを媒介とする」とあります。また、意思とは「考えや意見」のことであり、疎通とは「通ずること」とありますから、両者に顕著な意味の違いはありません。むしろ「コミュニケーション」のほうがその含意が社会的な広がりを含んで幅広く感じます。

では、「コミュニケーションの支援」を「意思疎通の支援」にすることの狙いや、意味は何なのかということです。私なりの解釈を述べます。

前述の通り「意思疎通支援」は、一人ひとりの「個」に視点をあてる発想が基本にあるように思います。一方、「コミュニケーション支援」というのは、個と個の意思の伝達による人間関係の深まりを通して、「人々」＝「社会」にウイングを拡げる視点がでてくるように思います。そのことこそが聴覚障害者問題の解決にとって重要だと思います。みなさんはどう思われるでしょうか。

個と個に限定した意思の疎通は基本なのですが、支援の範囲を対個人のみに絞り込むこととは異なると思います。

手話通訳制度との関連では、暮らしの支援と手話通訳事業のあり方に関係すると思います。手話通訳者は、聴覚障害者のコミュニケーション要求を満たすことで、その基礎となる暮らしの要求にも必要に応じてこたえることが大事だとしてきました。暮らしの要求にこたえるためには、さまざまな社会資源が必要です。そこで全通研は、それら各社会資源とのネットワークをつくりあげることで、継続的に暮らしを支援することのできる手話通訳者の働き方とそのための制度づくりを追求してきました。

雇用型の手話通訳者（施設等に配置されている通訳）を中心とした公的な手話通訳制度を構築することが重要だということです。国の事業担当者がどこまで意図していたのかはわかりません。しかし、結果としては、意思疎通支援という事業名への変更で、手話通訳は登録者の派遣で事足りるというような誤解を生む可能性が強まったと私は思います。これは違う意見がみなさんの中にあるかもしれません。よく議論すべき問題だと思います。

聴覚障害者の生活支援について考えるとき、聞こえるか聞こえないかよりも、まず人としてとらえることを前提にしないといけないのではないかと思います。人としてとらえると、いろいろな人がいるから、その一人ひとりの価値観に対して、それぞれに対応していかないといけなくなる。

人間の「尊厳」というのは、一人ひとりがかけがえのない人間であること。どんなに障害が重かろうが、年寄りであろうが、優れた能力があろうが、人間という値打ちはみんな一緒だということです。

そんなこと当たり前だと思うかもしれません。しかし、これって意外と難しいと思います。

私たちは、一人ひとりが大事だといいながら、子どものころから能力主義的な価値観というものに影響を受けて育っていると思います。学校の成績の良い子は、「良い子」で、成績の悪い子は「悪い子」だという、そういう誤った価値観が知らず知らずに沈殿してゆくことも考えられます。

金沢大学の井上英夫さんが、全通研の学習会で障害者の権利条約ができて、やっとこれで私たち人類は「能力によらない平等」を獲得したんだといわれました。

障害者権利条約が国連で採択された二〇〇六年になるまで、「平等、平等」と言われてきたけれども、それの意味する平等というのは、「能力の違いによる平等」だったと。つまり「社会的に貢献度が低い」(「　」付きですが)、生産能力が低い、働く能力が弱い、社会の発展にあまり寄与していない、植物状態でいまチューブで栄養補給をしている人はどういう貢献をしているんだと。このような考え方は、ずっとあったわけです。

世界人権宣言(一九四八年国連採択)から少しずつ前進はしてきたんだけど、障害者権利条約によって初めて、人間の値打ちは能力によらず一緒なんだということを私たちは学べるようになってきた。

簡単に「人間の尊厳」というけれど、日常のなかでそれを実現していくのは難しい課題だと思います。私たちは障害者の問題について、具体的に一つひとつ考えていかなければいけないと思います。

人は人のなかで社会的に生きている

人と人が寄り集まっていれば、当然感情の違いとか、意見の違いとか軋轢《あつれき》が起こってくることもあります。世界的にみれば、いま宗教の違いなどで殺し合いをすることまで起こっている。

社会を平等に運営していこうと思えば、当然自分のやりたいことと相手のやりたいことに折り合いをつけていかねばならない。自分がやりたいようにやっていいということではないわけです。

人が人のなかで社会的に生きていくために、どんな価値観をもって生きていったらいいのか。歴史をひもとくと人類は一つひとつ、これはダメ、これはいい、という知識を獲得してきたんですね。

日本も、戦後に日本国憲法ができて、国民が主人公だという価値観を獲得しました。そして第二五条で「すべての国民は健康で文化的な最低限度の生活を営む権利を有する」ことを明確にしました。その憲法のもとで障害があってもなくても社会的に生きていけるということが大事です。

手話通訳者の知識・技能とはなにか

私たちは、誰もが社会的存在であるという価値観を確認しながら、みんなで知識を分かち合い、スキルを磨き合いながら手話通訳活動をしていくことが大切だと思います。コミュニケーションを支援する手話通訳も、ソーシャルワークと共通の視点でそこからも学びながら人間を見るということが大事だと思います。そこで生活支援と通訳、この二つがどんな接点でつながるかということを考えてみたいと思います。

まず、手話通訳の役割である「伝える」ということについてです。「伝える」ことの結果は「伝わる」ということです。ではどのような状態を「伝わった」というのでしょう。「伝わった」ということは、伝えたいメッセージが相手に「わかった」ということだろうと思います。では、「わかる」とは、実際にはどういうことをいうのか。

「わかる」というのは、一言でいうと「わかったことで動ける」ということだと思います。

「知った」ということと「わかる」ということは別です。「わかる」というのは、行動に移せるということ、実践できるということ、ここが一つの出発点だと思うのです。

言葉のレベルで、「わかる」というのは、発話された言葉の内的な力によって、受け手の内面でその人の感情・意思や行為を引き起こすことだと思います。そのためには、言葉と体験がむすびついていることが重要だと思います。「生きた言葉とはなにか」、これは体験をくぐって、自分のものになったとき初めて「生きた言葉」といえる、ということだろうと思います。

『アイ・ラブ・コミュニケーション―手話通訳制度化のために―』(全日本ろうあ連盟・全国手話通訳問題研究会発行)パンフレット普及運動というのを覚えていますか?

一九八五年に手話通訳の制度化を訴えて、一冊二〇〇円のパンフレットを一二〇万部普及しようという一大運動が展開されました。

この運動では、みんなで街頭宣伝などもとりくみ、さまざまな手話にかかわる人々も参加しました。京都の繁華街の四条河原町の交差点で聴覚障害者と一緒に、街ゆく人に「『アイ・ラブ・パンフ』を買ってください」という話をしました。

聴覚障害者はこういう状況におかれていて、手話通訳の制度化が必要で、これがなぜ大事かという話を一生懸命しました。その行動に一人の主婦が参加されていました。その方が、反省会のときにこういうことをおっしゃっていました。

私は生まれて初めて街頭でパンフレットというものを売りました。生まれて初めての経験でした。そこでパンフレットを売るときに、通りがかりの人が「何?」と聞くわけです。そう聞かれたら説明しないといけないでしょう。

そこで「なんで通訳が必要なのか、聞こえなかったらどうして困るのか」ということを自分なりに一生懸命考えてしゃべって、「わかった!」と買ってもらったときは、本当にうれしかったです。

私はこれが生きた言葉だと思います。

そのときに彼女に溜まった言葉は生涯忘れない言葉でしょう。だから、生きた言葉は実践するなかで生まれてくる、そう思います。その話をもっと拡げていくと、私たちが聴覚障害者と共に権利獲得運動をやることによって、生きた言葉（生きた手話）もそこから生まれてくるでしょう。

伝わることで生き方の変化が……

通訳的な視点でいうと手話通訳することで、その人が知りたかった情報が伝わる。あるいはその人なりの伝わりかたであってもそのことで、生き方の変化がおこり幅が広がる、より生き方が豊かになっていくということが「伝える、伝わる」ことの本質的な意味ではないかと思います。

人間の成長発達過程で、具体的な思考から抽象的な思考へ、一次的言葉から二次的言葉へという抽象的な思考、論理的な思考ができていく成長の発達段階があります。聴覚障害児の場合は、聴覚口話偏重の教育の中で十分な教育効果があがらない結果、なかなかその峠が越えられないという意味で「九歳のレベルの峠」といわれるものがあると言われてきました。

実際に見たり触ったりすることのできない事象について、「いま、ここ」といった時間的、空間的な壁を超えて理解すること、つまり、抽象的な考えを駆使することが難しいという問題です。

成人の聴覚障害者に、例えば病院の診察場面で、手話通訳者が白血球数値が多いとか少ないとか、糖分がどうだという健康上の話を通訳しなければならないときがあります。

「糖分」っていう手話、どうやります？

砂糖じゃなくて、「糖分」です。

『新しい手話』（全日本ろうあ連盟発行）にあるかもしれないけれど、昔の通訳はどうしていたでしょうか？

例えば、私は手話〈甘い＋いろいろ〉とか表現していたこともありました。

しかし、〈甘い＋いろいろ〉という手話では、砂糖を食べすぎたらだめだとは伝わるけれども、お米の糖分が伝わるでしょうか。

糖分という概念、実は私もわかっているようでわかっていないと思います。「糖分とはなにか」を説明しろといわれてもうまく説明できない。わからないなりに、なんとなく「糖分」というイメージ、共通概念ができていて、それなりに食べものを選んで規制できる、つまり、自分の生活をコントロールすることになっているわけです。

私たちは、お互いに、「これ糖分どうだっけ」という話を比較的気軽にしていると思います。コミュニケーションしながら、自らの生活に役にたつレベルの理解へと深まっていくわけでしょう。ところが聴覚に障害があって、日常的に自由にコミュニケーションがとりにくいと、食物摂取のプロセスで理解し知識を蓄えること、いわゆる耳学問的なことは簡単ではありません。糖分の組成や化学式などがわからなくても、糖分というものを実践的なレベルで「理解できる」ということに意味があり、生活に役立てることができます。自分の生活をコントロールして、生活の質を高めることができます。

そのように、さまざまの知識が伝わることでその人の生き方が変わってくる。暮らしの質が変わったとき、ちゃんと伝わったことになるのだと思います。

この実践を保障するためには聴覚障害の要求や課題に見合った支援としての情報の提供や、時には集団的な学習会などの計画的な支援が必要になります。ときどきにかかわる手話通訳者が聴覚障害者の必要に応えて一定の意図を持ったかかわり方を行っていくことが重要です。そのためには、やはり系統的、意識的にその人の暮らしを見ながら、どこをポイントにしたらその人の暮らしを豊かにしていけるかを考えることのできる条件を整えなければならないと思います。きちんと雇用された通訳者が中心にいて、継続性のあるかかわりを保障することが重要だと思います。

このようなとりくみを実践する場合、その人の暮らし全体を見るのはなにも通訳者でなくてもいいんです。それは相談員でもいいし、施設の職員でもいい。それらの人と通訳者が連携をとりながら、聴覚障害者の暮らしを豊かにするという視点をもっていればできると思います。手話通訳者は、聴覚障害者の暮らしの改善方向をしっかり見据え、通訳する内容や関連する情報を的確に伝える。的確とは、聴覚障害者が暮らしの課題に主体的に立ち向かっていくためのエネルギーになるということだと思います。

しかし、それは決して独りよがりになってはいけません。

ソーシャルワークではパターナリズムと言ったりします。実践の現場では「専門家である私にまかせて」とか「私のいった通りにやったら大丈夫だ」となりがちなことを言っています。私は専門家だからあなたのこと全部わかっている、ということですね。でもそれはつもりであって、対象者抜きの独りよがりの場合が多いと思います。

そうならないようにするにはどうしたらいいか。それには手話通訳者の集団による学び合いや、聴覚障害者団体等との相互協力が欠かせないと思います。集団での検証作業が欠かせないということです。

「こういうふうに思ってやったけど、どう思う?」「こうしたらこうリアクションがあったから、こうしたけど、どう思う?」ということを日々の活動で繰り返し繰り返しフィードバックしていって、自分のやっていることの中味を相互に検証していくシステムをもっているかどうかです。

心の痛みではじまった全通研

登録通訳者は、「直行直帰型」だといわれています。

介護保険制度ができてから、常勤ヘルパーがいなくなって登録ヘルパーになっていきました。そこで大きな問題になったのは、ヘルパーさんたちの多くが「直行直帰型」になってしまったことです。ヘルパーさんは自宅から要介護者の家に行って、終わったらまっすぐ自分の家に帰る。これでは介護の現場で困ったことがあっても、相談する相手がいません。

それまでの常勤ヘルパーなら、一日仕事をして事務所に帰れば、その日一日、ああだったこうだった、それはああじゃない、こうじゃないとみんなで話し合うことができました。登録ヘルパーさんたちはそれが奪われています。

もっとも登録通訳者は、制度が始まったときから直行直帰型なんです。

わざわざ派遣センターに帰るという人はほとんどいないでしょう。ヘルパーさんも通訳者も、人間が人間に働きかける仕事です。現場では迷いもゆらぎもいっぱいあるし、これでいいのかなと思うことも、どうしたらいいかと迷うこともいっぱい起こります。

全通研ができたとき委員長になった伊東雋祐《しゅんすけ》さんが、「全通研というのは心の痛みでみんな集まったんや」といわれていました。どういうことかというと、当時の通訳者は全国にぽつんぽつんと孤立していて、警察に通訳に行っても、病院に通訳に行っても、これでよかったのかな、あれでよかったのかなと、みんなもんもんとしていた。通訳者会議で集まったときに、「あんたもそうなんか」というところから全通研が始まったという話をされていました。そういうことをシステムとして保障できるような制度をつくっていくことが、いま通訳者には必要だと思います。

検証しなければいけないのは、通訳者どうしの相談やミーティング、情報交換からいろいろなことが始まるということ、ここのところをお互いにしっかり理解しておきたいと思います。

「日常的な接触」で育つ手話通訳者

図3　適切な支援とは

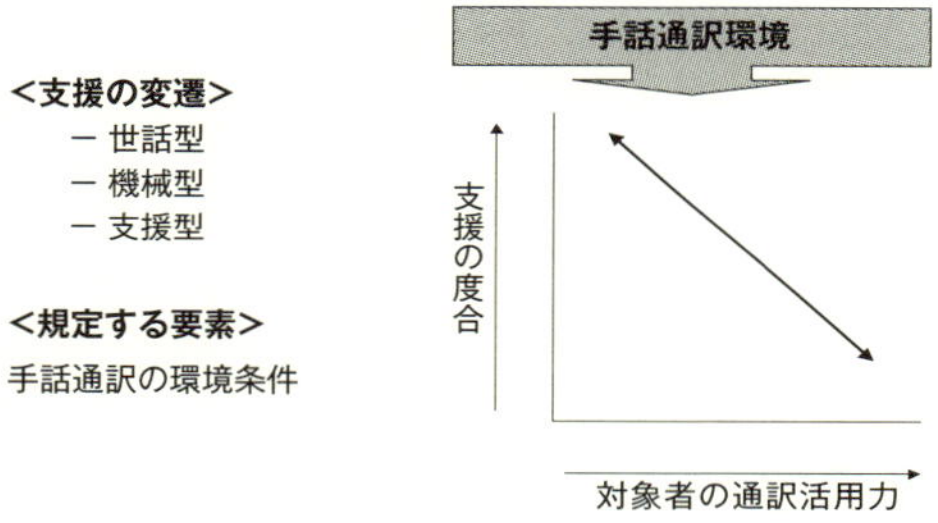

この図3は、一九九八年一二月六日、手話通訳育成指導者養成研修会（於：大阪）のときに私が考え方をまとめて初めてつくったものです。

座標の一番左側は、私がかかわってきた重複の聴覚障害者のケースをイメージしています。情報を伝えても、それを理解して活用していく、また実践レベルまで高めていくことが困難な人たちが左側にきます。自分で自分のことを決定して生きていく自由度の高い人たちが右側にきます。横軸にその人たちを位置づけ、垂直に上に伸ばしてグラフの線と交わった点の縦軸の目盛りが、その人たちの支援の度合を示します。グラフ全体で見ると「通訳活用力」の高い人ほど支援の度合いが下がることを示しています。

したがってどの程度の支援をしたらその人の主体性を伸ばすことができるのか、口の出し過ぎにならずに、出し足らず（笑い）にならずに（余計なお世話にならずに）なるのか。この点をアセスメントする力が必要です。どこに視点をあてたら、支援不足や過剰にならないかです。

介護保険では、介護度を決めるためいろいろとアセスメントして、介護度づけをやっています。しかし、それじゃあちょっとさびしい。支援すべき内容ややり方を知るために、私たちはどうしてきたかというと、大事なのは「日常の接触」なんです。

私たちは日常的に聴覚障害者と一緒に、学び運動し共に歩みながらコミュニケーションする。その中で、人となりを知り、考え方を交換してゆく、それを、基本情報として積み上げてきた。そのことによって、どんな通訳をすれば過不足のない通訳ができるのかを知る。そういうことをしながら支援のためのアセスメントを補ってきた面があります。

けれども、そのやり方では次の世代の手話通訳者を育てるのに時間がかかります。それが今の一番の悩みです。各地の養成講座でもいろいろと工夫されていると思います。しかし、結局「自分でろうあ者と交わって、生きた手話を勉強して」みたいな、ある意味職人世界の親方と弟子みたいな話になっているところもあると思います。（そのことの大切さは論を待ちませんが）そういうやり方が成功したとしても、やっと一人前になったときには通訳者も年をとっていた、では職業と結びつきにくい。

したがっていかにして、手話通訳の仕事を科学的に分析・理論化して、次の世代に伝えていくか、それが経験を積んだ通訳者の責任でもあろうかと思います。

「わかる」という作業は単独作業ではできないので、「わかる」という実践レベルに高めていくには、集団で進めることになります。

そのためにネットワークが必要になってくる。相談員とのネットワーク、病院にいけば医者との連携や看護師との連携、保健師との連携とか、さまざまな社会資源と連携しながら、どのように当事者の主体的な生活や生き方を支えきれるかが、私たちの仕事になるんだろうと思います。

世界に誇れる日本の手話サークル

コミュニケーション支援については一定の法整備も進み、二年後の二〇一六年四月からは「障害者差別解消法」（二〇一三年制定）が施行されます。そうするとこれまでとは違った課題が出てくることが予測されます。

例えば、大学（法的には独立行政法人運営の大学）に通う学生が「私は手話で授業が受けたい、手話通訳を保障してほしい」と大学側に申し入れた場合、大学は余程の理由がない限り、それを拒否できないことになるのだろうと思います。そのとき、ほんとうにそれを支え続けるだけの手話通訳システムをわれわれがもっているのかを検討しなければならないと思います。

「障害者総合支援法」（二〇一二年施行）ができて、三年かけて意思疎通支援事業を見直しますという年の、今年は二年目です。来年（二〇一五年）は最終年です。三年をめどにですから、四年目でもいいのかもしれませんが、見直しの動きがでてくるだろうと思います。

見直しの中味について、いま私たちが考えてきたような、障害者の生活支援という視点、その人の暮らしを豊かに高めていこうという視点の具体化が必要だと思います。

私たちが、聴覚障害者の生活にかかわり続けようと思えば、登録手話通訳者の役割も非常に重いんだけれども、その中軸になる雇用型の通訳者配置をしていかないと、生活の支援という視点をもった通訳という仕事が、うまく回らないんじゃないかと思います。

東日本大震災のときに、『河北新報』という東北地方の新聞に一〇回ほど手話サークルの活動が連載されました。震災のとき津波で亡くなった聞こえない親御さんのご遺体をその子どもさんと手話サークルの会長さんと一緒に探してまわる感動的な話が紹介されています。これもその地域に手話サークルがあったからこそです。手話サークルが育っているから可能なのです。日本には、そういうすごい活動があるんですね。手話サークルは、今日的にもその重要性がますます高まっていくと思います。

本来の手話サークル活動は、京都の「みみずく会」※の会則でいうところの、聞こえない人と友だちになって、差別と偏見のない社会をつくろう！　一緒に歩もう。そのなかでこそ手話を勉強しようというものです。

決して「手話を勉強しよう」が先ではありません。まずは「ろうあ者と友だちになろう」、そして差別と偏見のない社会を一緒につくろう、そのなかで生きた手話を勉強しようというとりくみが続けられたことが、手話サークルが今日の姿まで大きくなってきた理由だと思います。

このようなことは世界的にないんだそうですね。日本の手話サークルは世界に誇れるものだそうです。世界中どこに行っても、こういうサークルはない。

この世界に誇れる手話サークルのある地域社会を見渡したとき、本来の意味で、その機能が発揮できるような制度を作っていかなければならないのではないでしょうか。決して、いまの通訳制度のように、行政のやるべきことを一部肩代わりするような状態のままにしてはいけないと私は思っています。

※みみずく会

一九六三（昭和三八）年九月一日京都で結成された日本初の手話サークル。目的に「手話を学んで、ろうあ者のよき友となり、すべての人に対する差別や偏見をなくしてゆくために努力し、その活動を通じて私たち自身も向上してゆく」と謳っている。

新しい法整備下の展開

二〇一六年に「障害者差別解消法」が施行されれば、大学教育や就労の場面で、おそらく手話通訳の要求は増えていくはずです。

私のいる京都では、ここ数年、一つの自治体に複数の手話通訳者を採用する動きが広がっています。

今年（二〇一四年）も長岡京市というところで三人の手話通訳者が正規職員として採用されました。三人のうちの一人は納税課、一人は子ども支援課、一人は障害福祉課に配属されているのですが、同じような動きが京都府内で出てきています。長岡京市、八幡市、京田辺市、城陽市と、どこも役所として通訳資格者を雇用するということになっています。これは新しい動きだと思います。

一番最初は大阪の守口市でした。守口市では水道課などで四人を採用しました。そこから動きが始まったと思います。

行政は、住民に障害があってもなくても、住民に対する行政サービスを平等に提供する責任があります。手話などのコミュニケーションを必要とする住民に対する支援窓口は福祉窓口だけに限るものではありません。基本的に聴覚障害者が自由に行政機能を使うことができる体制を整えることです。

前記のような動きがそのような、「行政機能のバリアフリー」につながるとすれば、おおいに評価できるものではないかと思います。

今後新しい実践になっていくのでしょうか。

今年（二〇一四年）長岡京市に採用されたのは、私たちの元同僚です。納税課に配属されていて、先日会って「どうしている?」と聞くと、「市民から毎日怒られています」と返事が返ってきました。納税課ですから、毎日窓口で市民からのクレームを受け付けているんです。ぜんぜん聴覚障害は関係ない。

その人に「今後どうするつもり?」と聞くと、「これからです。まずはアフター5で頑張ります」といっていました。長岡京市は役所のなかで障害関係の課長、そして係長、その職員と元からいる職員と四人通訳のできる人がいて、通訳者と通訳士がいて、さらに納税課に一人、保育課に一人、全部で手話通訳のできる人が六人います。

その六人が集まって、いまお話してきたような「生活支援のためのネットワークをどう実現していこうかということをこれからやっていきたい」といっていました。楽しみにしています。行政内のことですから、新しい実践ですよね。全通研にもそういうレポートをぜひ出してほしいと思います。

「抱え込み」は通訳者の落とし穴

「一カ月に一〇日～二〇日も本人や関係機関などから連絡がくる」、複雑な生活の問題を抱えている一人暮らしの高齢聴覚障害者の「通訳」事例から、ネットワークの大切さを考えます。

このケースでは、その人を取り巻くネットワークが作れないことが問題でした。

原因は、本人がいろいろな支援者との接触を拒否することにありました。ケアマネージャーも拒否するし、銀行も、とにかく全部関係を切っていくのです。コミュニケーションの困難さが原因の一つでもあると思います。まわりとの関係を切っていくなかで、それを一人の通訳者が全部抱えてしまった。例えばその人が警察に行く、あるいは銀行に行く、そうすると電話がかかってきます。

「○○さんがおいでになっています」

それだけのことで電話がかかってくるのです。そこで職員（通訳者）が出かけていく。ネットワークのないなかでは通訳者一人がその聴覚障害者を抱え込んでしまい、どんどん深みにはまっていきます。広がりをもっていかないと、「ああ、聴覚（障害者の問題がある）」「じゃ、あちらへどうぞ！」となってしまう。

役所でも、派遣センターでも、似たようなことがよくあると思います。

しかし、この状態では、先ほどから力説しているように、地域社会のなかでその人がほんとうに人間としての尊厳を保って、豊かに生きていく環境はつくれないですよね。なにか全部手話通訳「窓口一本化」になってしまっている。

こんな事例もあります。

ある薬局に登録手話通訳者と聴覚障害者が行って、薬を買おうとしたら、その薬局の店主がたまたま手話講座に通っていた。そこに聴覚障害のお客さんが来たというので頑張って手話で話をしようとした瞬間に、横にいた登録通訳者が「止めてください！ 私がやります」といって制止した…。みなさん笑っていますけれど、実際現場レベルでは、こういうことが起こっているそうです。

これは派遣センターでも起こりえる話だと思います。

「この人のことは私が一番わかっている」…そう思ってしまう誤りです。問題点は、聴覚障害者の暮らしを支えるということは、通訳者だけではできないということです。通訳者が一人でどれだけ力んでも無理なんです。

聴覚障害者の暮らしは、先ほどの図1で示したように、地域のなかでさまざまの人たちとつながる、暮らしを支える制度のなかでこそ可能で、通訳者一人がどれだけ力んでもできることはたかが知れているんです。そういう視点から考えたとき、この抱え込みの弊害がいかに大きいかです。

最初の方（八二ページ参照）でお話したように、通訳者が介在することによって、その人の発達の芽を摘んでしまう場合があるのではないかということなんです。

少し言葉が悪くて申し訳ないですが、登録通訳者制度とは、自主的・自覚的に手話通訳者として活動したいという思いの善意の人々に依拠しています。しかし、残念ながらプロの職業ではありませんから、専門職教育や研修の機会もあまり多いとはいえません。そのような人々に権利や命にかかわるような大変重い責任のある場面や、さきほどの事例のような複雑な生活問題を抱えた対象者の通訳を、ある意味、「肩代わり」させることによって、さまざまな問題が発生したり、「抱え込み」のようなことも起こってしまうのではないかと私は思っています。「障害者差別解消法」、「障害者総合支援法」などの法整備にともなって、そこを本来のあるべき姿に高めてゆくことが必要なのだと思います。登録通訳者には独自の役割があります。生き生きとその活動が行われるよう制度のあり方を高めてゆくことです。

「抱え込まない」ネットワーク形成とは

聴覚障害者の問題を通訳者が一人で抱え込まないために、ネットワーク型の支援をするにはどうしたらいいかということを私なりに整理をしてみました。

ポイントは三つあると思います。

①障害のある人々に直接働きかける支援（働きかけ方を含む）

一つは、障害のある人たちに直接に働きかける支援があります。

これは通訳者が通訳としてかかわっていくレベルでも、個と個のレベルでも必要な視点だろうと思います。

さっきいった支援のやり方、図1のような形で適切なアセスメントをして、障害者にかかわっていくことで、当事者には通訳を活用しながら主体的に生きていく力をつけてもらう、これが一番目の視点です。

それは生活相談員とかいろいろな人がありますね。

②障害のある人々と周りの人々との関係を豊かにするための支援

それから二つめ、まわりの人々の関係を豊かにしていく、それはコミュニケーション支援にとっては主戦場になります。

昔から私たちは手話サークルとか地域づくりということで、いろいろやってきた実績があります。聴覚障害者とそのまわりの人々の関係を豊かにしていく支援をずっとやってきました。そういう場を私たちは意識的に作ってきたんです。それに誇りをもたないといけないし、今後ますますその重要さは増していくだろうと思います。

③障害のある人々が社会的に保障されるべき権利を獲得していくための支援

本人が頑張って力をつけて、まわりが理解してもやっぱり解決しない問題はあります。そのような問題の解決のために全通研は昔からろうあ運動と一緒にそれらの問題にとりくんできました。

個別の通訳のなかで、それぞれ運動的な視点で、問題を掘り起こしてきて、それを集団のなかで検討していくという作業を、私たちはやってきました。また、そのために全通研はあるのだと思います。Aさん、Bさん、Cさんにかかわる日々の実践のなかから共通する問題を拾い上げて、それを社会化する。そしてそれを運動の課題として高めていく。これを全通研という組織を通じてやってきました。ここに全通研の存在の意味があります。

しかし、このような視点を抜きにして、直接的な支援や周囲の環境だけを整備していこうという傾向が最近は増えつつあると心配しています。

また自分たちの活動を、その人その地域で自己完結してしまう危険もあります。自己完結は一方で自己満足です。集団を排斥したり、個と個のつながりしか見られなくなって、人々という視点をなくしてしまうと集団の必要はなくなります。

Aさんが抱えている生活不安やコミュニケーション不安をだれかが支えてあげれば、この人の問題は改善し、一定の前進を見ることは可能です。しかし、そこで終わってしまうと、次また同じことが出てくるし、出てきたときに同じことをやらなければならないのです。

そうではなくて、Aさん、Bさん、Cさん、Dさんがそれぞれに集団的にかかわりながら、Aさんもこうだった、Bさんもこうだった、Cさんもこうだった、と集団的に経験を交換しながら、これは制度の問題じゃないのか、これは本人の問題じゃないのかということを一緒に考えていける集団をもつかどうかに尽きます。

手話サークルが手話サークル運動を失い、手話サークルが手話講習会の場だけみたいになっていくと、社会的な視点がなくなります。これは私たちにとっては非常に大きな問題です。

「コミュニケーション的合意」へ

「理想はそうかもしれないけれど、現実問題、そううまくはいかないよ」という方がおられると思います。

例えば、価値観の違いがあります。いくら人間的価値が大切だといっても、みんな同じ考えをもっているわけではありません。

それは通訳者集団のなかにもあります。

通訳者はコミュニケーション支援をしているのにコミュニケーションが下手だ（笑い）といわれることもあります。人間だからそういうこともあります。

しかし、そこはお互いの違いを確認しながら、共にやっていくということが大事だろうと思います。そういう「コミュニケーション的合意」を大事にすることです。

人は一〇〇人いたら一〇〇人それぞれ違います。夫婦だって、頭の先から足の先までわかっているかというとわかってないのです。逆にみんなが同じような価値観、ハンコを押したように同じだったらこれも怖いですよ。ばらばらなのが当たり前なんです。そこから出発しないといけない。

通訳者集団だからといって、みんなハンコを押したみたいに同じ顔して同じ通訳をするなんてありえない。違うけれども、同じ目的に向かって実践しているんだということを、一番大事にしないといけないと思います。ここはみんなで確認しましょう。

「コミュニケーション的合意」というのは、実はそういう意味です。一番わかりやすい例でいいますと、「あなたとわたしは生涯わかりあえないかもしれないね、ということを合意すること」も合意なんです（笑い）。そこで合意したら、一生涯で一個くらい合意しようという前向きな姿勢が出てくる。

「コミュニケーション的合意」というのは、みなさんは、聴覚障害のある人とない人たちの間で、毎日それをやっているわけです。

二宮厚美さんが、全通研の本（『福祉国家の姿とコミュニケーション労働』）のなかでユルゲン・ハーバーマスを例にして次のようなことをいっています。「コミュニケーション的合意」をつくる三つのポイントです。

人と人とがコミュニケーションを通じた相互了解・合意に達するには、一つの理性的な表現、理性的な理解が必要になる。ここで必要になる理性は、ハバーマスの言い方を借りていうと、人間的誠実さを基準にしたコミュニケーション的理性ということになります。

一番目は、科学的な真理を基準にして計られる理性の世界。

二番目は、何が社会的に妥当・正当かということを基準にして計られる理性の世界。

三番目は、なにがもっとも誠実な表現で、思いの伝達であるかということをわきまえる理性の世界。

この三つが、絶えず、コミュニケーションの世界には問われるということ（『全通研学校講義集3』一四五〜一四六ページ　文理閣）。

全通研の創立以来、私たちが大切にしてきたことは、まさに日々「コミュニケーション的合意」をどう実践するかの歩みだったと思います。新しい法整備のもとで全通研という組織がますます大事になってきていると思います。

一般社団法人　全国手話通訳問題研究会（全通研）

手話や手話通訳、聴覚障害者問題についての研究・運動をおこなう全国組織で、会員一〇、〇〇〇人を超える。全都道府県すべてに支部を置き、聴覚障害者団体とともに地域の福祉向上のための学習や活動をおこなっている。機関誌『手話通訳問題研究』の発行、研究図書などの出版をおこない、聴覚障害者問題の啓発に努めている。

連絡先　〒六〇二-〇九〇一
京都市上京区室町通今出川下ル　繊維会館内
電　話：〇七五-四五一-四七四三
ＦＡＸ：〇七五-四五一-三二八一

著者紹介

薗部　英夫（そのべ　ひでお）

全国障害者問題研究会事務局長、日本障害者協議会理事。1956年群馬県生まれ。金沢大学に学び、82年より全障研専従職員。85年から全国事務局長。日本障害者協議会理事・情報通信委員長。障害者・患者9条の会世話人。主な著書に、『北欧　考える旅』『障害者と家族のためのインターネット入門』（全障研出版部）、『パソコンボランティア』（日本評論社）などがある。

近藤　幸一（こんどう　こういち）

一般社団法人全国手話通訳問題研究会副会長。1952年福岡県生まれ。手話通訳士、社会福祉士、介護支援専門員。立命館大学を卒業後、1978年より京都市聴覚言語障害センター職員。2005年いこいの村所長、2009年京都市聴覚言語障害センター所長、社会福祉法人京都聴覚言語障害者福祉協会理事、公益財団法人京都市障害者スポーツ協会理事、社会福祉法人全国手話研修センター理事。主な著書に、『手話通訳と手話通訳実践』（共著、全日本ろうあ連盟）、『聴覚障害者と生活ニーズ』（障害者ケアマネジャー養成テキスト、共著、中央法規）などがある。

手話を学ぶ人たちの学習室

全通研学校講義集11

私たちの障害者権利条約と聴覚障害者支援

2015年３月10日　第１刷発行

著　者　薗部英夫・近藤幸一

企　画　一般社団法人 全国手話通訳問題研究会

発行者　黒川美富子

発行所　図書出版　文理閣

京都市下京区七条河原町西南角　〒600－8146

電話（075）351－7553　FAX（075）351－7560

http://www.bunrikaku.com

ISBN978－4－89259－759－6

全通研学校講義集　手話を学ぶ人たちの学習室　（本体価格）

①社会福祉と通訳論		
真田是・長尾ひろみ著	2005年刊　四六判	895円
②ていねいな相談活動とは		
窪田暁子・市川恵美子・玉井邦夫著	2006年刊　四六判	905円
③福祉国家の姿とコミュニケーション労働 発達保障の福祉の視点から		
二宮厚美著	2007年刊　四六判	1048円
④手話通訳者のための言語学と人権		
小嶋栄子・石川芳郎著	2008年刊　四六判	1048円
⑤手話による心の発達と通訳者の健康		
河崎佳子・近藤雄二著	2009年刊　四六判	952円
⑥現代の地域福祉と障害者の発達保障		
宗澤忠雄・白石恵理子著	2010年刊　四六判	1048円
⑦手話コミュニケーションと聴覚障害児教育		
本名信行・若狭妙子著	2011年刊　四六判	1048円
⑧新しい福祉制度とコミュニティー通訳論		
藤井克徳・水野真木子著	2012年刊　四六判	1048円
⑨手話で伸びる子どもの力と障害者の福祉制度改革		
南村洋子・藤原精吾著	2013年刊　四六判	1048円
⑩相談活動と言語としての手話		
結城俊哉・長野秀樹著	2014年刊　四六判	1100円
⑪私たちの障害者権利条約と聴覚障害者支援		
薗部英夫・近藤幸一著	2015年刊　四六判	1050円